博報堂がついに発見!!

売れている会社に共通する
これ買いたい!
をつくる20の技術

博報堂買物研究所

ワニブックス

「商品の発売前の調査では
高評価だったのに、
思ったように売れない」、

「このブランドが好き、
この商品が好きという人は多いのに、
徐々に売上が下がっている」

そんな悩みを抱えていないでしょうか。

かつては、商品やサービスの良さを
ターゲット目線で言い当てたコミュニケーションを行い、
「好き」というキモチをためていくことが、購入につながっていました。

しかし、各社の企業努力により良い商品やサービスが増え、
差別化が難しくなっています。

また、多様化の時代に合ったたくさんの商品が生まれ、
モノの飽和感を感じています。

そのため、商品価値を伝え「好き」というキモチをつくるだけでは、
なかなか購入につながりにくくなっているのです。

起きているのは「好きだけど買われない」現象です。

生活者に「好きなのに、なぜ買わないのか？」

そう問いかけても、明確な答えは返ってきません。

そもそも、買物は

「ピンときた」「なんとなく」で様々な情報が取捨選択され、

買った本人も言語化しづらい、直感の行動の連続です。

なぜその情報が気になったのか、

なぜこの口コミに惹かれたのか、

なぜこの売り場で買ったのか、

この「なぜ」の連続を正確にとらえることは、とても難しいのです。

生活者が商品やサービスを買いたくなるのはどんなときか？

博報堂買物研究所では、そのインサイトに絞った研究を行いました。

買物をするまでには、
口コミを調べたり、
お店に行って実際に商品を見たり、
店員さんに説明をしてもらったり、
検討している商品の解説動画を見たり、
たくさんのプロセスをたどります。

このプロセスの中で、生活者は、
実際にモノを手に入れること以外の部分で、楽しみを見出しています。

博報堂買物研究所は
買物が「モノ」を手に入れるためだけの行為から、
「行為そのもの」を楽しむものへと
変化していることを発見しました。

生活者のモノに対する欲求＝「モノ欲」としたとき、
買物自体の体験に対する欲求＝「買物欲」と定義しました。

そして、実際に買物行動を起こすには、
「モノ欲」と「買物欲」を同時に満たすことが重要なのです。

買物欲

＋

モノ欲

＝

買物

なぜ、「モノ欲」だけでなく、「買物欲」が重要なのでしょうか。

それは、情報爆発時代に起きている「欲求流去」という現象が関係しています。

「欲求流去」とは、情報爆発・情報過多の中で何を選んでいいかを決められず、知らない間に欲求が「流れて、消失してしまう」という現象です。

商品が欲しくて、情報を収集して気になる商品まで絞り込んだのに、忙しくて数日バタバタとしていたら、結局欲しかったこと自体を忘れてしまった。

そんな経験をした人も多いのではないでしょうか。

欲しいモノはあるのに、買物したい気持ちがなくなってしまい、
実際の購入に結びつかない。

そんな状況が生まれているため、
欲しいモノを、買いたいと思わせる「買物欲」を刺激することが大切なのです。

その買物欲の刺激の仕方を体系化したものが、
本書でご紹介する**「買物欲を刺激する20のツボ」**です。

これは、買物インサイトを様々な観点から検証を行った結果導き出しています。

20のツボは4つの方向性に分けることができます。

楽しい買物を創り出し、買物欲を上げるBOOST方向

買う気持ちを下げずに、買物欲を維持するKEEP方向

感性を刺激して「これ〝が〟いい」を生み出すLOVE方向

買うべき理由を提示して「これ〝に〟しよう」と決断させるREASON方向

次の図は、4つの方向性を組み合わせて、4つの象限にマッピングしたものです。

20のツボ

ST
限定感
フィット感
驚愕・非日常
協調性
先回り・察知
セレンディピティ
人気感
REASON
信頼感
根拠・理由
選択感
EP

買物欲を刺激する

BOO
偏愛性
ストーリー性
自己投資
学習心
過程充実性
利他・社会性
鮮度・体感
LOVE
マイペース
フリクションレス
損失回避
KE

“買いたい”を“盛り上げる”7つのツボ

LOVE & BOOST

偏愛性

「買物を通じて、“好き”の想いを表現できる」ツボ

ストーリー性

「コンセプトやストーリーに共感することで買いたい気持ちを刺激する」ツボ

自己投資

「なりたい自分への投資ができ、理想に近づける」ツボ

学習心

「買物で新しい知識が得られるから、買いたくなる」ツボ

過程充実性

「買物をするまでの過程を楽しみたいと思う」ツボ

利他・社会性

「他者や社会に“も”いいことができて買いたくなる」ツボ

鮮度・体感

「鮮度を感じたり、五感が刺激されることで買物をしたくなる」ツボ

“買ってもいい”を“盛り上げる”7つのツボ

REASON & BOOST

限定感

「すぐに買うべき理由を提供する」ツボ

フィット感

「自分にぴったりだと思えることで、買いたい気持ちが刺激される」ツボ

驚愕・非日常

「期待を上回る体験に驚いたり、非日常感をおぼえたりして買物スイッチが入る」ツボ

協調性

「買物を通して他者と関わったり、協調したいと思う」ツボ

先回り・察知

「先回りの配慮が心地よく、買いたくなる」ツボ

セレンディピティ

「潜在的に欲しかった物に偶然出会って、買いたくなる」ツボ

人気感

「買物時にトレンドや定番を押さえたいと思う」ツボ

“買いたい”を“維持”する3つのツボ

LOVE & KEEP

マイペース

「制約がなく、自分の思い通りに買物ができる」ツボ。

フリクションレス

「精神的・物理的な労力や負担が少ないと、買っても良いと思える」ツボ。

損失回避

「買物で失敗や損をしたくない気持ちをケアする」ツボ。

“買ってもいい”を“維持”する3つのツボ

REASON & KEEP

信頼感

「買物自体に不安がなく、安心・信頼できる」ツボ

根拠・理由

「根拠があって、買うことが肯定される」ツボ

選択感

「適度な数の選択肢から自分の意志で商品を選んでいる感覚」のツボ

本書では、20のツボごとに以下の3点について解説しています。

①生活者はどんな瞬間に買いたくなるのか
②企業の事例
③マーケティングに活用するためのヒント

特に注力した②企業の事例は、多くの企業にご協力いただき、ビジネスに活かす方法を教えていただきました。

「面白かった」「ためになった」で終わらせず、買物欲をご自身が担当している商品やサービスや売り場に取り入れ、成果があがったという状態を作ることを目指しました。

商品の売り方に正解はありません。

しかし、モノ欲だけではなく、買物欲がプラスされた方が、
モノは売れていくと確信しています。

この本を読み終えたとき、あなたは「売る」という行為に
新たな視点と可能性を見出し、商品を売ることが楽しくなるはずです。
さあ、一緒に「買いたくなる世界」を創り出す旅に出かけましょう!

売れている会社に共通する
これ買いたい！　をつくる20の技術

博報堂買物研究所

第1章

『LOVE & BOOST』

〝買いたい〟を〝盛り上げる〟7つのツボ

第2章

″買ってもいい″を″盛り上げる″7つのツボ

『REASON&BOOST』

第3章

〝買いたい〟を〝維持〟する3つのツボ

『LOVE & KEEP』

第4章

〝買ってもいい〟を〝維持〟する3つのツボ『REASON & KEEP』

第5章 ふたつのツボを掛け合わせ新たな相乗効果を生む6つの上級テクニック

第1章

“買いたい”を“盛り上げる”7つのツボ

『LOVE＆BOOST』

01

偏愛性

自分の〝好き〟を表現できると買いたくなる

定義

「買物を通じて、〝好き〟の想いを表現できる」ツボ。ラブ&ブーストに位置づけられる。近年、盛り上がる推し活に関連している。アイドルやアニメキャラクターの推し、自分の趣味など、好きの想いを表現できれば生活者の買いたい気持ちはどんどん高まる。２０２０年からのコロナ禍で、ライブが普通に開催されることのありがたみを実感したことで、偏愛性の重要性がさらに高まった。

相性の良いカテゴリー

趣味に関する商品（書籍／音楽／映像・動画など）

日用品・トイレタリー

コンビニエンスストア

スーパーマーケット

自分の買物が、誰か／何かの応援になるとうれしい

「偏愛性」を感じて買いたくなる瞬間には、次の3つがあります。

①推し対象を応援できる
②好きな物との関連性を感じる
③想いの強さを比較できる

それぞれについて解説していきます。

最初に**①推し対象を応援できる**、です。

今話題の「推し活」と深い関係があります。推し活とは、自分が好きな人や作品、作者などを「推し」と称して、応援する活動のこと。「推しを応援できそう」と思えると消費したい気持ちが高まります。

その原型は近世から存在します。歌舞伎や舞踊などの演者や製作者を富裕層が直接支える「パトロン文化」です。現在では、推しの対象もアイドルや声優、スポーツ選手、さらにはアニメ、マンガ、ゲームのキャラクターや作品そのもの、製作者など、バラエティー豊かになっています。

そして支え方も様々です。ライブチケット・グッズ・CD・DVD・BDなどの購入や、有料配信、無料配信サービスでの「投げ銭」といった「直接課金」による応援が推し活の王道です。

さらに、コラボ商品の購入やタイアップ企画イベントへの参加など、間接的な応援も広がりを見せています。皆さんも、商品や売場が好きなアニメやキャラクター、推しのアイドルなどとコラボしているのを知って、普段なら選ばない商品を買うことがあるのではないでしょうか。

売上アップなど、コラボ企画が成功すれば、推しの市場価値が上がり、「次の仕事」へとつながりやすくなります。そのため、自分の活動で少しでも推しに貢献したいという気持ちが刺激されるのです。

そこまでの熱さはなくても、「ちょっと好きかも」くらいのライトなファンが、コラボグッズの購入などで「好き」を表現できるのですから幸せな時代だと言えるでしょう。

どうせ買うんだったら、自分の好きと関連しているものが欲しい

次に、**②好きな物との関連性を感じる**、です。

推し対象と直接的なコラボという形式でなくとも、好きな物との関連性を感じることがあります。「概念推し」と言われるものです。生活者側から、日常生活の中で「推しを感じられるもの」を自ら取り入れていく推し活スタイルです。

一例として「推し色」が挙げられます。アイドルやアニメのキャラクターにはイメージカラーが設定されている場合があります。あるアイドルグループでは、メンバーのひとりひとりに赤、青、緑……と色が割り当てられていて、ライブのグッズなどもメンバーごとに色が決まっているのです。そうしたグループのファンの中には、例えば、推しのイメージカラーが緑色の場合、緑色の商品を使うことで推しを感じることができるようです。「ひとつの色に統一した販促棚」や「ひとつの商品に豊富なカラバリ」などは、概念推しを背景に生活者の目を惹きます。

一般的に知られている「推し色」以外にも、好きな物との関連性による買物は、思わぬことにも潜んでいます。

例えば以下のような例です。

・推しをよく見るために、目の疲れを取ろう
・推しに会う時にビジュ（≒外見）を整えるために、むくみを取ろう
・推しのライブに合わせて、体調管理する（直前は体調を崩したくない）

このように「好き」と関連づけた行動の中で起きる買物は、自分磨き系統のものが多く見られます。単に推し活して楽しかったね、以上に「好き」きっかけで生活の中にさまざまな彩りがもたらされるのです。

誰かと比べて、自分の好きの想いが強いことを誇りたい

最後に、**③想いの強さを比較できる**、について解説します。他人と推しへの想いの強さ

を比べることで、購買意欲が高まることがあります。これは一種の競争心やアピールにつながるものとも考えられます。例えば、「痛バッグ」や「アクスタ」の購入がその代表例です。

痛バッグとは、推しの缶バッジなどを大量につけて推しアピールを楽しむバッグです。推し活界隈では特に女性に人気で、「100円ショップの材料で作る痛バッグ」も話題になりました。また、推しのアクリルスタンドと一緒にお出かけをして、一緒に写真をとってSNSにアップする行動も見られます。推しを身近に感じて、それを周囲に見せたいという気持ちが表れた行動でしょう。

想いの強さを比較して、買いたい気持ちが高まる例は、痛バッグやアクスタといった推し活に関わるものだけではありません。

特定ブランドの古参であること、初期ロットを持っていることなどをSNSに投稿する生活者も一定数います。例えば、革靴のブランドなら、旧デザインのラベルや特定の工場で製造されていた時代のものなどが該当します。こうした商品を手に入れることで、「他の人が持っていない特別感」を味わい、高揚感を得られるのです。

一方で、「想いの強さを比較」は行きすぎると生活者同士のマウンティング合戦のようになってしまい、生活者が買物疲れを感じてしまうことにも、留意する必要があります。

株式会社サンリオ『サンリオキャラクター大賞』

推しキャラクターを人気投票で応援!

成功事例

偏愛性のツボの代表的な成功事例として、『サンリオキャラクター大賞』を紹介します。このイベントは1986年にスタートしたサンリオキャラクターの人気投票イベントで、2024年に39回目を迎えました。

一般投票を行い、エントリーされた同社のキャラクターの中からその順位を決定するイベントです。結果発表をサンリオピューロランドや大型イベント会場などで行う、SNSでもトレンド入りし非常に話題になるなど、一大イベントとなっています。

このイベントの投票方法はWEB投票、サンリオショップでの投票、サンリオオンラインショップ本店での投票、サンリオ社の月刊紙『いちご新聞』での投票など、様々な投票方法があります。WEB投票では、各キャラクターに1日1回無料で投票できます。

サンリオキャラクター大賞期間中のサンリオショップでの買物は、生活者の偏愛性のツボを刺激しまくっています。そもそもサンリオのキャラクターが好きなので買いたい⁉

2025年には記念すべき40回目を迎える名物企画（画像提供：サンリオ）

「好きの対象と関連している」ということだけでなく、「商品購入で、推し・好きの対象を応援できる」というポイントが押さえられています。

このサンリオキャラクター大賞では上位にランクインしたキャラクターの商品化やノベルティ、サービス、露出が増えるなど、応援したキャラクターの買物の機会や接点が増えて楽しめるというメリットがあるのです。このように偏愛性のツボの要素を押さえられており、お手本のような成功事例と言えます。

ひとつの〝好き〟が別の〝好き〟に連鎖
巻き込むキッカケを作る

最後に、偏愛性のツボを刺激するコツをふたつ紹介します。

ひとつ目は**「間口の拡大」**です。偏愛がある人だけに特化してしまうと、市場がせまくなってしまいます。そこで間口を拡げて関わる人数を増やすのが偏愛性を刺激するコツです。

例えば、「革靴特集」や「レザーバッグ特集」などそれぞれで特集を設定するよりも、「レザー特集」という広いテーマ設定をすることで、革靴ファン、バッグマニア、皮革にこだわりがある人、ビジネス用品をそろえたいビジネスパーソンなど幅広い方々が興味を持てます。

さらには、「元々革靴にしか興味がなかったけど、レザーという切り口でみたらバッグにも興味が出てきた」「この国産のレザーはなかなかいい」など、ひとつの好きが連鎖して他の好きを作るキッカケにもなりえます。

実際にサンリオキャラクター大賞も、○○という作品に出てくるキャラクターの中で順位投票をするよりも、サンリオ社の抱えるキャラクターについて広く対象としていることで、参加対象者＝間口が拡がっています。このように幅広い層の興味を包括できるような設計は、ひとつの「好き」が他の「好き」への連鎖を創るためにも有効なのです。

自ら調べる余白を残して よりディープな世界へ引き込む

ふたつ目は**「奥行のチラ見せ」**です。プロセスやディテールを明らかにして、ファンが自ら調べて偏愛性を発揮するための〝余白〟を示すのがコツです。

例えば、「産地」だったり、「部品の工場」「職人さんの経歴」など雑学や豆知識的な詳細を公開することで、生活者の偏愛の琴線に触れうる、自分から調べたくなるポイントをたくさん用意できます。

注意点としては、情報量が多くなりすぎないようにすることです。マニアな方は自分でどんどん調べて詳しくなってくれます。調べるほど愛は強まっていくので、想いを一方的に押し付ける、情報量が多すぎて調べる余地がなくなってしまうことを避ける必要があります。

産地は記載する「あの幻のレザーを使っている」けども、なぜその産地が優れているのか「〇〇製法を使っているからこのレザーは優れている」までは記載しないなど、情報量のコントロールが求められます。

まとめ

- 偏愛性のツボは「買物を通じて〝好き〟の想いを表現できる」感覚。
- 偏愛性を感じるのは「買物で応援」できたり、「好きなことと関連」があったり、「想いの強さを比較できる」とき。
- 推し活ブームを背景に重要性が増しているツボ。
- 「間口を拡げて」関係者を増やしたり、「プロセスを詳細公開」して推せるポイントを作ることで効果的に刺激可能。

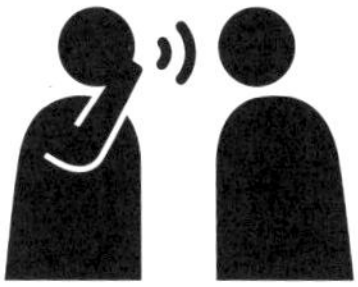

02

そんな秘話を聞いたら誰だって好きになっちゃう ストーリー性

定義

「店舗の〝らしさ〟が伝わり、コンセプトやストーリーに共感する」ことで買いたい気持ちを刺激するツボ。商品・サービスをより魅力に感じることができるため、ラブ&ブーストに位置づけられる。生活者が主体的に情報を探せるようになったことで、機能の優劣だけではなく、ブランドのストーリーや価値観に共感できるかを重視する人が増えている。

相性の良いカテゴリー

専門店・百貨店

スーパーマーケット

家具・インテリア

背景にあるストーリーに共感すると買いたくなる

「ストーリー性」を感じて買いたくなる瞬間は、以下ふたつが挙げられます。

①こだわりや、開発背景に驚く
②パーパスや想いに共感する

それぞれについて詳しく見ていきましょう。

まずは、**①こだわりや、開発背景に驚く、**についてです。

商品が市場に登場するまでには様々な物語が生まれます。

誰がどんな想いでどんな過程を経て作られた商品なのか、背景にあるストーリーを知ることで共感が生まれて、生活者の買いたい気持ちが高まります。

ピックアップされるストーリーとしてよく見られるのは、企業の歴史、商品開発過程、販売してからの物語です。

ただし、どんな物語でも共感されるわけではありません。共感されるストーリーには生活者の感情を揺さぶる「驚き」が提供されています。

「業界未経験で後を継いだ二代目の挑戦」「アルバイト店員から社長に」といった創業者や経営層のストーリー、零細メーカーのジャイアントキリング、どん底からのV字回復で経営危機を乗り越えた話など、意外な展開が人々の関心を惹きつけるのです。

従業員のストーリーやユーザー一人ひとりのストーリーにも共感が生まれます。

「こんな思いを込めて作りました」パーパスに共感すると買いたくなる

次に、**②パーパスや想いに共感する、**についてです。

近年、消費者は単に製品やサービスを購入するだけでなく、その製品やサービスが提供する社会的、環境的価値にも注目するようになっています。そこで重要視されるようになってきたのが、パーパスブランディングです。

パーパスブランディングとは、企業が自身の社会における存在意義を明確にして、ブランド戦略の中心に据えるブランディング手法です。単に利益を追求するのではなく、パーパスに基づいて、商品・サービスの提供を通じてどのような社会的責任を果たし、価値を提供するか伝えることで、ユーザーのロイヤルティやブランドへの信頼を高めることを追求します。

商品・サービスがどのようなパーパスに基づいて開発されているのか、背景や解決したい課題、店の考えやポリシーが共感される文脈で伝わることで、買いたい気持ちが高まるのです。

博報堂買物研究所が2022年に「パーパス買い（直近1年間で世の中や、人々の生活に良い影響をもたらしているブランドや企業の姿勢に惹かれて商品を購入した経験）」の実態を調査したところ、経験者は13％と一定の人がパーパスをもとに商品を購入していることがわかりました。男女とも「10代」「60代」が多く、「お出かけやショッピング好き」「環境意識が高く、環境配慮の行動にも積極的」「情報は誰よりも早く入手し、周りにも広め、仲間の輪の中心にいたい」という価値観を持つ人がパーパス買いをしています。

株式会社パン・パシフィック・インターナショナルホールディングス『情熱価格』

成功事例

「驚きのニュース」をパッケージで伝えて「買いたい」を作る

ストーリー性のツボを効果的に活用しているのが、驚安の殿堂ドン・キホーテが展開しているプライベートブランド『情熱価格』です。

『情熱価格』は、ドン・キホーテを運営する株式会社パン・パシフィック・インターナショナルホールディングス（ＰＰＩＨ）が企画・開発しています。２０２１年２月よりリニューアルを行い「お客様のワクワク・ドキドキをカタチに」をコンセプトに、お客様視点での商品開発を行っています。

『情熱価格』は、その特徴的で異彩を放つパッケージで、ストーリー性を表現します。

例えば、『素煎りミックスナッツＤＸ』のパッケージを見てください。

そこには「〈年間売上20億円突破〉〈ナッツを愛しすぎた担当者が独断と偏見で決めたアーモンド・カシューナッツ・くるみの黄金の究極比率〉〈食塩・油を使わないこだわり〉」と、商品開発にかける思いや妥協しない姿勢が、商品説明として提示されています。

このように、商品のパッケージに商品誕生の裏側にあるストーリーを記載することでストーリー性を刺激しています。商品の説明でもドン・キホーテらしさの「ワクワク・ドキドキ感」を表現しており、長文でも商品に込められた想いを楽しく読むことができます。

『情熱価格』は、２００９年10月に「お客様の声をカタチに」というブランドメッセージを掲げて誕生しました。当初は６９０円の驚安ジーンズなど、ドン・キホーテらしさがあふれる商品を販売していたものの、安さを追い求めた商品開発の結果、次第に個性が薄れてしまい、認知率や売上高における構成比も横ばいという状態が続いていました。

他のPV商品と比べてインパクト抜群の「情熱価格」ロゴ(画像提供:パン・パシフィック・インターナショナルホールディングス)

そこで、ドン・キホーテの業態イメージをけん引するような、強い個性を持ったプライベートブランドを作るため、２０２０年からリブランディングを開始しました。

社内ヒアリングや議論を重ねた結果、ドン・キホーテらしさは、店頭で「ワクワク・ドキドキ」や「驚き」を感じる体験であることを再確認。ブランドの方針として、ドン・キホーテらしい面白い商品を開発して、「驚きのニュース」を提供することを目指すことになりました。

先ほど紹介した商品パッケージもこの方針で開発されており、開発担当者のこだわりの強さや開発までのストーリーを「驚きのニュース」として掲載して、ドン・キホーテらしさを伝えて買いたい気持ちを高めているのです。

そして、21年2月から新しいブランドメッセージ「ドンドン驚キ」を掲げて『情熱価格』のリニューアルを行い、同時に「ピープルブランド宣言」を行いました。この宣言では、自社完結で開発するブランドとしての「プライベートブランド」ではなく、お客様と一緒に商品を作る「ピープルブランド」へ変革する思いが込められています。

お客様の目線で「驚きのニュース」がある商品を届けるために、お客様のダメ出しを受け付けるプラットフォーム『ダメ出しの殿堂ー情熱的改善要求ー』をブランドリニューアルに合わせて開設しました。「量が多すぎるから食べきれない」「パッケージから商品がイメージできない」など、客が感じたことを投稿してもらい集約することで新たな商品開発の起点になっています。

このように商品が生まれるまでの過程で自然と物語が生まれているのです。現在は『ダメ出しの殿堂ー情熱的改善要求ー』のサービス終了に伴い、『マジボイス』がその役割を引き継いでいます。

面白いのが『ダメ出し旧ミックスナッツ』と『ダメ出し新ミックスナッツ』という商品のパッケージです。このふたつの商品のパッケージでは、消費者からのダメ出しを基に商品を改良する商品開発プロセスを「驚きのニュース」として伝えています。以前販売していたミックスナッツへのダメ出しを集約、吟味し、ナッツの種類・配合・味付けすべてを見直した新ミックスナッツが開発されたのです。

しかし、開発担当者が旧ミックスナッツにも味と価格のコスパに絶対の自信を持っていることから、新商品と併売して「あなたの好みは新or旧どっち!?」と客が選ぶ対決企画としてニュース性を作りました。

異彩を放つ「素煎りミックスナッツDX」（画像提供：パン・パシフィック・インターナショナルホールディングス）

新ミックスナッツのパッケージには、「多くのお客様からのダメ出しを基にナッツの種類・配合・味付け全てを見直した人類の理想？とも言える新ミックスナッツ」、旧ミックスナッツに

マジボイスは、客の意見を基に店や商品を改善するプロセス
（画像提供：パン・パシフィック・インターナショナルホールディングス）

は「Webサイトでも多くの人からダメ出しをもらってメッタ斬りにされました…それならば！　担当者的に味と価格のコスパで絶対的な自信を持ってる旧ミックスナッツ」と、それぞれの魅力の違いを訴求しています。

さらに新ミックスナッツは「旧ミックスナッツの売上を超えない場合は理想の品と言えども終売させます！」、旧ミックスナッツにも「今までより売上が下がるなら終売させます！」と、一歩踏み込んだ終売の覚悟までのせることで、ドン・キホーテらしいユーモアを交えながら、本気の商品開発であることが伝わるようになっています。

「発見感」と「没入感」を提供する

最後に、ストーリー性のツボを効果的に刺激するコツをふたつ紹介します。

ひとつ目は売りたい商材を手に取るお客様の気持ちになり切って、**「いい意味で期待を裏切る」**情報になるようにストーリーを検討することです。お客様視点で「発見感」がなければ、興味を持たれず効果的ではありません。

例えば、5年間毎日ラーメンを食べ続けている開発担当者が作った新商品、銘柄がわからない状態で複数の商品をテストした上で選ばれた商品など、「発見感」を与えて商品への興味を喚起できているかを確認しましょう。

ふたつ目は、**「ブランドの世界観に没入できる買物体験」**です。例えば、プロダクトの美しさにこだわるブランドの店舗では、商品を一品ずつガラスケースに展示することで、美術館で芸術鑑賞をするような買物体験を提供できます。

加えて、店舗スタッフの服装や言葉遣い、内装、ＰＯＰ、包装紙など詳細にまで工夫をこらして、ブランドらしさへのこだわりをちりばめることで、商品の美しさをより強く感じさせ、心を動かして買いたい気持ちを高めます。

まとめ

□ ストーリー性のツボは、「店舗の〝らしさ〟が伝わり、コンセプトやストーリーに共感する」こと。

□ ストーリー性は買物において必須な要素ではないが、商品・サービスをより魅力に感じやすくなり、「買いたい気持ち」が高まる。

□ 商品、売場、接客からストーリーやコンセプト、独自性、熱意を伝えることで買いたい気持ちを盛り上げることができる。

□ 多くの人からの共感を得るために、複数のストーリーを用意する。

03

自己投資

未来の自分に投資したい

定義

買物を通じて「なりたい自分への投資ができ、理想に近づける」ツボ。ラブ&ブーストに位置づけられる。株式投資による資産形成や、中古市場のリセールバリューを背景に、買物においても将来性への視点が大事になってきた。ただモノを消費するだけでなく、自分の理想を実現し、能力を最大限発揮できるような買物がしたい。

相性の良いカテゴリー

美容関連・化粧品

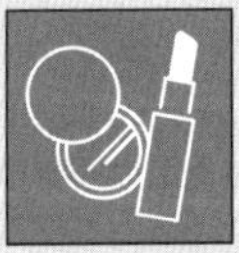

医薬品・サプリメント

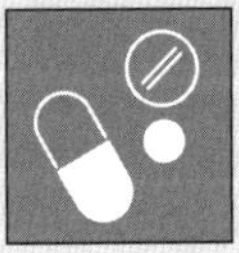

日用品・トイレタリー

「さあ気合入れて行くぞ」買物で日常にスイッチが入る

「自己投資」の感覚があって買いたくなる瞬間には次のふたつがあります。

①頑張るためのスイッチが入る
②自分の理想を叶えたいと思う

それぞれについて説明します。

まずは、**①頑張るためのスイッチが入る、**について説明します。「自己投資」は、よく知られている「ご褒美消費」と真逆の概念になります。ご褒美消費の代表例は、1週間頑張った自分へのご褒美に週末はちょっとだけ価格の高いアイスクリームを食べようといった行動。過去の行動に対して自分を褒めてあげるタイプの消費です。

一方の「自己投資」は未来志向です。モチベーションスイッチと言い換えてもいいかもしれません。

例えば、次のような例です。

・働く大人にとっては憂鬱な月曜の朝、今週も忙しくなりそうだから1週間を頑張りぬくためにプレミアムコーヒーで充電しよう
・来週はデートだから、気合を入れるために髪型を変えよう
・来月は推しのコンサート。キレイになって会いに行きたいから、お肌のケアを頑張ろう

こんなシーンが想定されます。**過去の行動へのご褒美ではなく、これからの頑張りに備えて今のうちに力を蓄えよう、気合を入れようというマインドが「頑張るためのスイッチ」です。**

普段の生活で慣れ親しんだ商品は、無意識に使ってしまい、心の変化を感じにくいものです。スイッチが入るような感覚を与えてくれる商品は、普段使っているものとは明確に違いが感じられる必要があります。例えば、色や形、質感、香りなどの違いがはっきりしている商品は、日常から一歩抜け出し、気合を入れるのに役立ちます。

頑張るためだけでなく、気持ちを切替えるためのスイッチという側面もあります。コロナ禍で日常生活における「スイッチ」への需要が高まりました。ステイホーム、リモートワークで生活にメリハリがなくなり、オンオフの切り替えが難しいと感じた方も多いので

はないでしょうか。

私も在宅勤務時は普段の生活空間で仕事をせざるを得ず、どこまでが仕事でどこからが私生活なのか切り替えが難しいと感じる時期がありました。そんなときには、お香をたいて気分をリフレッシュするなど、様々な対策をとりました。実際、ソーシャルリスニング分析で、SNSにおける「切り替え」や「リフレッシュ」などの投稿数の推移を調べたところ、2020年に増加したまま高止まりしていました。平常に戻った感のある現在においても「気持ちの切り替えスイッチ」へのニーズは定着しているのです。

お買物で自分の理想を叶える

次に、**②自分の理想を叶えたいと思う、**を説明します。

これを買ったら自分の理想に近づけそう――そう思えるとそこに投資したくなります。「本を買って自分を啓発する」「運動器具やサプリメントを買ってダイエットする」といったことが思い浮かぶでしょうが、それだけではありません。

・自分の生活時間が劇的に効率化される家電製品

・自分がグレードアップしたように思える服

といったものも、なりたい自分になる、自分の理想を叶えることにつながります。食洗器や自動掃除ロボットを導入することで、これまでとられていた家事時間が圧倒的に短縮される。捻出した時間で家族とすごす時間や、自分の好きなことをする時間ができる。これは理想の未来への投資的買物と言えます。

ある生活者の話ですが、彼女は会社で部長職に就任した際にジャケットを新調しました。新しいジャケットを身に纏うことで「軽やかな部長像」を表現したいという気持ちから、普段の自分ならばあまり選ばないピンク色を選択したのだそうです。自分の理想を表現したい、自分を新しい場所に連れ出してほしいといった買物は、ファッション領域では多いのかもしれません。

また、「この商品を使えば自分が変われる気がする」「健康が保てるかもしれない」といった理由で購入されるサプリメントやトクホ（特定保健用食品）にも、自己実現の要素が含まれています。自分の理想の状態に近づくための手段として選ばれ、未来に備えるお守り的な感覚も満たしてくれます。理想の自分を実現するための一歩として、心理的な満足感を与えてくれるのです。

成功事例

株式会社ドットミー『Cycle.me（サイクルミー）』

おいしいものを時間帯ごとに選べるブランド

自己投資のツボの事例として、コンビニエンスストアやEC通販などで販売されている『Cycle.me』という食品ブランドを紹介します。「日々の生活の中で気持ちの切替のスイッチ」にもなるし、健康的な側面でも「理想の生活を叶えてくれる」ブランドです。

同ブランドが提供するのは「本当においしいと思えるものを、時間帯ごとに選ぶシンプルな食生活」です。Cycle.meは時間栄養学の視点を取り入れた商品開発を行っています。「いつ取り入れるか」で同じ栄養素でもその効率が変わります。食と体内時計の関係は深く、食生活を見直すときには、食べるタイミングが大事という考え方です。

もちろん、ただ時間帯別に食べる・飲むというだけではなく、おいしさも大事にされています。栄養を〝摂りたい〟ではなく栄養を〝食べたい〟と生活者に思って貰うことを意識しています。

時間栄養学の視点を取り入れる（画像提供：ドットミー）

開発のキッカケは、SNS上に「朝食にこれを食べると1日の元気をチャージできる」や「寝る前にこれを飲むとリラックスできる」といった1日の心身のありかたをマネジメントする投稿がコロナ禍で増加していたことから、1日のサイクルを整えてくれる食品へのニーズを発見したそうです。そこから、朝昼夜をダラダラと過ごすのではなく生活の中で「自然に切替」をサポートしてくれる商品として2021年にCycle.meが開発されました。

Cycle.meが、「おいしいものを食べたいという欲求」を満たしてくれる商品であることは大前提にありつつ、生活の中でスイッチを切り替えるキッカケにもなるブランドです。商品のホームページには朝におすすめの商品として「寝起きのカラダに不足しがちな栄養」を提供してくれる商品、夜におすすめの商品として「お休み前のリラックスタイム」を提供してくれる商品が紹介されています。

私自身一生活者として時間に合わせた栄養でリフレッシュして、自分にスイッチを入れることができる印象を持ちました。

さらに、定期的に食べることでスイッチの切替が上手にできるようになれば、大事なときに仕事のモチベーションスイッチを入れられたり、仕事とプライベートにメリハリをつけたりできます。それが続いて習慣化することが出来れば、その積み重ねで良い生活サイクルが保て、パフォーマンスの向上につながるかもしれません。

また、パッケージには「タンパク質10グラム」（食物繊維やGABAなどの商品も）など具体的な成分量の記載もあり、体づくりをしているトレーニーの方や、ダイエットをしている方も、「これを買い続ければ、未来の理想の体づくりができそうだ」と思えるラインナップになっています。

「○○に備える」できっかけを探す

最後に、自己投資のツボを刺激するコツをふたつ紹介します。

ひとつ目は**「○○に備えて〜」**です。「備える」から発想することで、「未来に向けた投資的消費をしたくなるのはどんなシーンか？」と発想していくのがコツです。皆さんが担当している商品カテゴリーや売場にあった切り口で、「何かに備えないといけないシーン」を探してみてください。

先に挙げた仕事や勉強のように苦しいシーンだけではありません。例えば「デート」。デートを全力で楽しむために力を蓄えよう、ビジュアルを整えよう、気合を入れよう、スムーズに時間を管理しよう……様々な文脈で発想していくと、意外なインサイトが見つかります。一例として、恋に効く、塗るだけで結婚できると言われた魔法のような口紅、婚活リップ（本当に結婚できるわけではありませんが）。この場合は「婚活に備えて、自分の外見を化粧やダイエットで整える」でしょうか。

その他の例は以下のようなものがあります。

・仕事の忙しさに備えて（体力を）蓄える：カロリーをため込む
・長時間の運転に備えて（身体を）癒す：身体のメンテナンスをする、睡眠をとる
・大事な日に備えて（精神を）整える：メンタルを整える、気分を落ち着かせる
・転職に備えて（能力を）育む：将来のために能力を育てる

それぞれを想起させるような訴求をすることで自己投資のツボを刺激できるでしょう。

理想にはお金がかかるが計算によってはお得感も！

ふたつ目は**「日割り計算によるコスパ訴求」**です。コスパと投資は対極の存在のように聞こえるかもしれませんが、「自分の理想像に近づく買物は高額になりがち」という特徴があり、コスパをセットで訴求する必要があります。

そんなときに有用なのが「日割り計算」です。買物研究所が雑誌編集長の方にインタ

ビューしたところ、今の生活者はとても工夫した買物をしていて「未来を見据えたコスパ」を考えているとのことでした。例えば、非常に高いバッグを購入するときに、お子様のどのライフイベント、どの行事で使えそうかを頭の中で考えて、着用単価を考えているとのことです。着用単価的な発想は、アパレル領域以外でも高級家電だったり、サブスクリプションだったり、様々なものに転用可能です。

商品を使用できるシーンをたくさん想起してもらって「1回あたりだと意外とお得である」と実感してもらうことが、自己投資系の買物には必要になってきます。

まとめ

- 自己投資のツボは「なりたい自分への投資ができたり、理想に近づける」感覚。
- 自己投資を感じるのは「頑張るためのスイッチ」的な買物や「自分の理想像に近づけそう」な買物。
- 株式投資や中古品のリセールバリューなどを背景に、未来志向の買物の重要性が増している。
- 「○○に備えて」で発想するのがコツ。また「日割り計算で考えると、コスパがいい」をセットで訴求すると効果的。

04

学習心

知的好奇心を満たしたい

定義

「買物で新しい知識が得られて、買いたくなる」ツボ。ラブ＆ブーストに位置づけられる。インターネットやＳＮＳの普及で、わからないことがあると調べるという行動が当たり前になり、人々の知識欲は高まった。買物においても知的好奇心を満たされるものが好まれるようになった。

相性の良いカテゴリー

医薬品・サプリメント

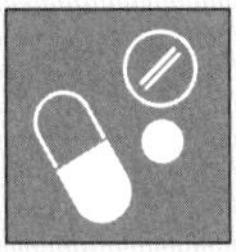

ドラッグストア

家電・電化製品

商品＋情報で、お役立ちがわかりやすい

「学習心」を感じて買いたくなる瞬間は、次のふたつが挙げられます。

①生活に役立つ知識を知って欲しくなる
②専門家の解説で納得度が増す

それぞれについて説明します。

①生活に役立つ知識を知って欲しくなる、について、昔からあるのは調味料メーカーのレシピ発信です。醤油や出汁といった基本の調味料も、使い方によって様々なアレンジができるため、メーカーからのレシピ発信は常に行われ、公式ＨＰや公式ＳＮＳに掲載されていることが多いです。

最近では、コロナをきっかけに、家で料理する機会が増え、中食の本格化が進み、アジア料理や、インド料理に使われるスパイスなど、目新しい調味料をスーパーで販売してい

ることが増えました。私もスパイスから作るカレー作りにはまり、いくつかのスパイスを揃えました。

一方で、カレーだけではスパイスを使い切ることができないので、カレー以外のレシピを知りたくて、スパイスを使った料理レシピの本を買ったりもしましたが、スパイスを売っているメーカーのHPがとても充実していてさすがだなと思ったことがあります。

最近では、多くのメーカーがレシピ以外にも知っていると便利な、ちょっとしたコツやテクニックなどを発信しています。

・洗剤や掃除用具を発売しているメーカーが、「掃除の仕方」を発信
・化粧品会社が、男性向けに「スキンケアの仕方」を発信
・健康食品の会社が、「ストレッチの仕方」を発信

直接的に商品と紐づかないこともあり、生活をより良くしたいという気持ちがあふれている情報を見ると、メーカーに対しての好意度も上がる気がします。

また、男性化粧品のように、これから利用者が増えそうな市場で商品を発売した場合、

単に商品を発売するだけでは、必要性を伝えられません。なぜ、男性もスキンケアをした方が良いのか、どうやって使うとより効果的か、女性の肌と男性の肌はどのように違うのか、など、商品＋情報で、生活者の疑問を解決してくれると、メーカーへの信頼感が上がり、思わず商品にも興味がわきます。

専門家目線で解説するインフルエンサーの登場

次に、**②専門家の解説で納得度が増す**、についてです。

大前提として、インターネットやSNSの普及に伴い、調べたいことはすぐに検索サイトで検索するのが当たり前になったことで、人々が日々触れている情報量や、学んでいる知識の量は飛躍的に増加しています。それにつれて、生活者のリテラシーが上がり、知的好奇心や学習心を満足させてくれる情報の「質」もアップしているのではないでしょうか。

その結果、動画配信サイトでは、医師や企業で研究開発している方などの、専門的な立場の人からの情報発信が増えているように感じます。例えば、薬剤師が薬の解説を行っていたり、皮膚科医が化粧品の成分や技術力について解説していたりする動画です。

再生回数やフォロワーが多い専門家もいて、購入の参考に多くの人が動画を視聴しているのがわかります。専門的な情報は文字で説明されても理解しづらいですが、動画で音声とともに解説されるとわかりやすく感じるのも、うけている要因のひとつです。また、情報があふれている中で、どの情報を信じたらいいかわからないという生活者の悩みも垣間見えます。専門家が言ってるのだから間違いないという納得度が、買いたい気持ちを高めてくれるのではないでしょうか。

このように、最近はインターネットを通して、知識が得られることが増えました。一方で、アナログな手法で、親子で楽しく知識を得られるロングセラー商品を紹介したいと思います。

株式会社ギンビス『たべっ子どうぶつ』

英語の動物名は今も昔も学習心をくすぐる

成功事例

『たべっ子どうぶつ』は、ギンビスが製造する動物の形をしたビスケットです。動物の名前が英語で印字されているのが特徴的です。私も子供の頃によく食べていましたし、現在は子供と一緒によく食べています。

おいしいだけでなく、動物の名前の英語の印字が楽しく、次は何が出てくるかなと楽しみになります。学習心のツボでいうと、ひとつ目の生活に役立つ知識を知ってほしくなる、というポイントをまさに商品そのもので体現した事例です。

ギンビスは1930年に創業しました。創業当初は、カステラなどの和洋菓子を作っていましたが、日持ちするお菓子を作りたいという想いから、ビスケット作りに専念し始めました。現在販売中の商品で最も長く販売しているのは、『アスパラガスビスケット』です。

その後、たべっ子どうぶつの前身となる『動物四十七士』という動物の形をした厚焼きの

1969年の『動物四十七士』から愛され続けている（画像提供：ギンビス）

ビスケットが作られました。ここから、もっと子供にも楽しんでもらいたいという想いから、９年後の１９７８年に動物形の薄焼きビスケットとして、『たべっ子どうぶつ』が誕生します。動物の種類は、「メジャー感」「形がわかりやすい」「ビスケットにしたときに割れにくい」という3点から考えられています。『動物四十七士』のときは、47種類でしたが、「バター味」の薄焼きにしたときに、コアラの耳がどうしても割れてしまうということがあり、『たべっ子どうぶつ』は46種類になったそうです。

なぜ、『たべっ子どうぶつ』には英語表記がされたのでしょうか。それは、ギンビスの創業者の宮本芳郎氏の経営理念『3つの－（アイ）』国際性（International）、独自性（Independent）、教育性（Instructive）に基づいています。この理念に基づき商品が開発された結果、おいしいビスケットを食べながら、動物の形を覚えられて、同時に英語も学べる、お菓子が誕生しました。商品そのものに「学習心」が、企業理念と密接に結びつく形で込められています。

また、学習心を刺激するのは英語だけではありません。パッケージには「カルシウム＆ＤＨＡ入り」という記載がされており、これを食べると、豊富な栄養素を摂り入れることができることがわかります。

子供に必要な栄養素がしっかり摂れるのは、たくさんあるお菓子の中から選ぶ理由にもなります。今でこそ健康ブームで、パッケージに成分名が書かれたお菓子が増えましたが、昔から、栄養素が書かれていたのは驚きです。

また、アレルギー物質である卵が不使用で、子供が安心して食べられるのもうれしいポイントです。このように、45年を超えて変わらない味や品質を保ち続けていることもロングセラーの秘訣になっているのではないでしょうか。

この「変わらなさ」を維持し続けるのも企業努力が必要です。ビスケットを取り巻く環境は、近年の原料の高騰など、発売された当時と比べると大幅に変化しています。また、

「たべっ子どうぶつ」の生誕45周年を記念して開催されたポップアップイベントも大盛況
(画像提供：ギンビス)

技術を継承していくことの難しさもあります。しかし、「変わらない」ことに心血をそそいでいるのは、子供のときに食べたお菓子を、親から子へと受け継がれるサイクルが大事で、いつ食べてもこの味だというのを守っていきたいという想いがあるからです。

この変わらなさは、パッケージに印刷されている、どうぶつたちも同じです。『たべっ子どうぶつ』のキャラクター施策に力を入れ始めたのは２０１８年です。最初に話題となったのは２０１９年のカプセルトイの発売でした。それを皮切りに、グッズの拡大や、45周年イベントの開催、ゲームの開発などに広がっています。

いろいろな施策を展開する際には、パッ

ケージからどうぶつ達が飛び出してきたようなイメージを守り、かわいらしさ、幸せで優しい雰囲気を大切にしています。そのため、例えばグッズを作るときも、どうぶつたちの色や形にこだわり、正確に表現できない場合は、商品化しないという方針を決めています。どうぶつたちは、商品のキャラクターという存在以上に、メディアとなって『たべっ子どうぶつ』をＰＲしているのです。また、45周年イベントは、イベント限定のフォトスポットなどを準備して、ＳＮＳに掲載されやすい仕組みをとり入れました。

参加者は、親子ももちろん多いですが、ＳＮＳで情報を知った、若い女性やカップルの方も多かったそうです。その結果、子供の頃に食べていて少し離れてしまっていた、若い世代にもファン層が広がりました。

「味や製法」と「どうぶつ」を変えないことで、世代を超えて親子に愛されるブランドプロミスを守り続けながら、ＳＮＳで発信されるように、時代に合わせて「伝え方」を変えて、ファンを増やしていく、というのがロングセラーブランドたるゆえんなのではないかと思います。

ライフステージの変わり目は学習心狙いのチャンス

ショッパーのインサイトとしては、学習心がアップする瞬間があるのではないかと思います。例えば、一人暮らしを始めるとき、社会人になる時、子供が生まれるときなど**「ライフステージの変化」**です。

・一人暮らしを始めるから、時短でできる料理方法が知りたい。
・就職活動のために、人に好印象を与えるメイク方法が知りたい。
・子供の成長のために、必要な栄養素を知りたい。

など、新たに始まる生活に備えて新たな情報を入手する意欲が増します。入手する情報が増えると、自分の中での選ぶ基準が変わり、今まで購入していたものを変えることもあり、企業としてはブランドスイッチさせやすいタイミングです。

生活者は、まずは何から始めようかというゼロベースのタイミングで、メーカーが「基本のキ」から教えてくれると、親近感が湧いてきます。

このように自社の商品とライフステージの変化を紐づけて、情報発信することでブランドファンになってもらうチャンスです。

楽しく学べるクイズ形式

もうひとつ「学習心」のツボを刺激するコツをご紹介します。最近のゴールデンタイムのテレビを見ていると、よく見かけるのがクイズ番組です。

全世代で安心して観ることができて、自分自身も参加することができる、インタラクティブなコンテンツです。これを応用して、メーカーも**「クイズ形式」**のコンテンツを作っています。
○○模試、○○検定、○○テストなどカテゴリーの知識や、生活に役立つ知識をクイズ形式で学ぶことができます。
また、正答率が低い、とても難しいクイズを作って、全国でランキングをつけて参加者同士を競わせて、楽しめるようになっているものもあって「難しすぎる」とSNSで話題になったりもしています。

面白いクイズを考えて、それに興味を惹かれて、結果商品に興味を持ってもらう、そんな仕掛けを考えてみましょう。

まとめ

- □ 学習心のツボは、「買物で新しい知識が得られて、買いたくなる」こと。
- □ 要素は「生活に役立つ知識を知って欲しくなる」と「専門家の解説で納得度が増す」のふたつ。
- □ 公式HPやSNSで、お役立ち情報を発信しているメーカーが増えてきて、生活者も参考にしている。
- □ 専門家の解説は、動画メディアの台頭でわかりやすく伝わるようになったことや、信じられる情報を求めた結果増えてきている。
- □ 学習心を刺激する方法は、知的好奇心がアップするライフステージの変化がチャンス。他にもクイズコンテンツを考えるのも有効。

05

過程充実性

手に入れるまでの苦労も楽しい

定義

買物をするまでの過程を楽しみたいと思うツボ。買物過程自体が楽しめるとワクワクして買いたい気持ちが盛り上がる一方、この要素がないと買いたくなくなるわけではないことから、ラブ&ブーストに位置づけられる。欲しいものを買いたいのに、すんなりとは手に入らない。けれども、それもまた楽しく感じられることで刺激を受ける。

相性の良いカテゴリー

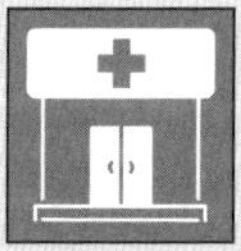

ドラッグストア

スーパーマーケット

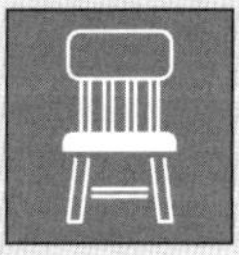

家具・インテリア

得られるものが変わるから試したくなる

「過程充実性」を感じて買いたくなる瞬間には次の3つがあります。

①ゲーム性を楽しめる
②簡単には手に入らない
③インタラクティブ性を楽しめる

それぞれについて解説します。

まずは**①ゲーム性を楽しめる**、についてです。

人は予測できないものに興味を持ちやすく、カプセルトイやくじのように「何が出るかわからない」要素に楽しさを感じます。これは、脳の報酬系が刺激され、「幸せホルモン」と呼ばれるドーパミンが放出されるためです。

この仕組みを活用している例には、カプセルトイやトレーディングカード、食玩類などがあります。ランダム性によって、欲しいものが思い通りに当たらない一方で、当たったときのワクワク・ドキドキが、人気の理由になっているのです。

また、自分の努力によって買える商品の量や値段が変わるような買物体験は、単なる商品の購入以上の価値を提供する魅力的な体験につながります。以下のような例が挙げられます。

・詰め放題：獲得できる量を増やす挑戦
・タイムサービス：値引きされる時間を待つワクワク感
・価格交渉やまとめ買い：努力によるお得感

自分の努力によってコストパフォーマンスの良い買物をしたという感覚を得ることで満足度が上がるのです。生活者は可能な限り有利な条件で買物をしたいので、それを自力でコントロールできる感覚は、生活者にとって大きな魅力となります。

どれだけコスパ良く買物できたかを客観的に計測したり、競い合う仕組みがあったりすると、さらに積極的な参加を促せる可能性があります。

・詰め放題の重量を記録し、ランキングを競う
・オークションの平均落札額と比較してどれだけお得に買うことができたかを示す

自分の努力や選択で得られる成果が〝見える化〟されると、満足感や買物の充実度が大きく高まります。

苦労してやっと手に入るとうれしい

次は②**簡単には手に入らない**、についてです。

需要が多く、供給が少ないものには希少価値が生まれて、本来のモノの価値以上に評価されます。希少価値の高いものを時間や労力をかけて手に入れる過程を通じて、手に入ったときの満足感や達成感が高まります。

買物研究所で生活者に「良い買物体験」について調査したところ、以下のような答えが挙げられました。

・フェス限定グッズを手に入れるために長蛇の列に並んで手に入れたとき
・抽選に当選して購入できたとき
・複数の店を探して、欲しかった商品をなんとか買えたとき

苦労して手に入れた過程こそが、買物の満足度を高めていることが読み取れます。

自分のアクションに応答してもらえる

最後は③**インタラクティブ性を楽しめる**、についてです。

インタラクティブは「相互に作用しあう」「双方向性」を意味します。インタラクティブ性のある買物体験では、単に情報を一方的に伝えるのではなく、企業と顧客間の双方向のやり取りが重視されることが特徴です。

生活者のアクションに企業からの応答があると記憶に残りやすく、ブランドとの強い結びつきを生み出します。ゲーム化された広告や参加型の投票企画、解答すると答えがすぐわかるクイズなどがあります。

成功事例

Mondelēz International『OREO Calls』

「なにそれ？ やってみたい！」を刺激して大成功したインタラクティブ企画

『OREO Calls』は、オレオクッキーで有名なナビスコブランドを持つモンデリーズ・インターナショナルが2024年に企画した独創的な広告企画です。アメリカで大人気のNCAA男子バスケットボールトーナメントの審判のシャツは白と黒のストライプ。アメリカで「白と黒」といえばオレオ。そこに着目したユニークなキャンペーンです。

参加者は、試合中、テレビに審判が映ったら、それをバーコードの要領でスマホでスキャンし、特設サイトにアップロードします。すると、システム上で審判がどんな判定をした場面だったかを解析。その判定に応じて、割引クーポンがゲットできるという仕組みです。

普段は注目されない審判の判定シーンが、オレオの割引を受け取るための体験へと変わりました。OREO Callsは過程充実性の中でも特に「インタラクティブ性を楽しめる」企画になっています。リアルタイムのスキャンが必要なため、今すぐやってみたいという参

審判の判定シーンに注目して始まったインタラクティブ企画（画像：オレオHPより）

加意欲を高めている点が秀逸です。

このOREO Callsは複数の広告賞を受賞。特設サイトへのアクセスの増加と割引クーポンの使用で、オレオの売上も増加しました。実に10万回に上るゲーム参加があり、クーポンの交換率は61%と高い水準になっています。全米が注目する非常に広告効果が高いイベントにおいて、話題を作り151億ドル換算のメディア露出効果につながりました。

このキャンペーンの目的は、普段オレオのことを忘却している多くの生活者にオレオを思い出してもらう機会を増やすことにあります。普段、存在を忘れている人に対して「久々に買いたい！」と感じてもらうためには、店頭の棚前コミュニケーションだけでは、効果は十分ではないと考えられます。なぜなら、店頭の棚前にはリピートユーザーしかおらず、普段食べない人には施策のメッセージを届けることができないからです。

つまり、ユーザーを増やすためには店頭で買物をする前から、オレオを思い出してもらう必要があるのです。そこで、オレオはカテゴリーエントリーポイント（商品・サービスを思い出すきっかけ）を増やすマーケティング戦略を取りました。

生活者が日常的に目にするもの、お菓子以外に興味があることとオレオの関連性をつなげて、日常生活の中で思い出す機会を作っています。

実は、OREO Callsのキャンペーンの以前にも牛乳パックのバーコードをスキャンするとクーポンがもらえるキャンペーンを実施していました。このように、牛乳のバーコードを見たらオレオ、審判のストライプの服を見たらオレオなど、徹底的に身近な白黒のストライプを見るとオレオを想起するように促しているのです。

視聴者の参加意欲を刺激して話題を呼び、複数の広告賞を受賞した（画像：オレオHPより）

救いようのないガッカリは嫌われるだけ

過程充実性を持たせた企画を作る際に担保しておきたいのは、参加者が損をしない設計です。せっかく時間や労力をかけてキャンペーンに参加しても見返りがないと満足度が下がり、最終的にブランドへの好意度を低下させてしまう可能性もあります。

そのため、かける労力や金額に見合った対価を保証されていることを事前に告知しておくと、リスクを回避できます。

例えば、福袋のように中身がランダムなものを売るときは、購入金額と同等以上の商品が入っていることを伝えることや、ランダムに行き先が決まる旅行プランの販売であれば、ランダムに設定された行き先の選択肢を伝えるなど、事前に期待値をコントロールすることが有効です。

まとめ

□ 過程充実性のツボは「買物をするまでの過程を楽しみたいと思う性質」。

□ 「ゲーム性を楽しめる」「簡単には手に入らない」「インタラクティブ性を感じる」の3つで買いたい気持ちを盛り上げることができる。

□ 過程充実性を刺激するには、「参加者が損をしない設計」が重要。

06

どうせ買うなら
社会のためになる方を

利他・社会性

定義

「他者や社会に〝も〟いいことができて買いたくなる」ツボ。誰かに良いことができる仕組みがあると買いたい気持ちが高まるため、ラブ＆ブーストに位置付けられる。「ＳＤＧｓ」の普及とともに機運が高まり、生活者が買物で商品を選択する際にも、持続可能な社会に貢献できるものにしたい、あるいは社会課題に取り組む企業を応援したいといった基準を持つ人が生まれてきている。

相性の良いカテゴリー

日用品・トイレタリー

スーパーマーケット

食品・飲料

専門店・百貨店

ゆっくりと浸透してきた環境にやさしい商品選び

「利他・社会性」を感じて買いたくなる瞬間には次のふたつが挙げられます。

①社会貢献につながると実感できる
②生産者や販売者を応援したくなる情報に出会う

それぞれの要素について解説していきます。

まずは**①社会貢献につながると実感できる、**についてです。

資本主義経済は、市場で自由競争が行われることに最大の特徴があります。しかし、競争原理に委ねた結果、環境破壊や経済格差の拡大など様々な弊害を生み出してしまいました。何もしないでいてはやがて社会が持続できなくなってしまうという危機感から、企業にも社会課題へ取り組む姿勢が求められるようになりました。

1989年からはエコマーク運動が始まりましたが、〝地球にやさしい〟のはいいけれ

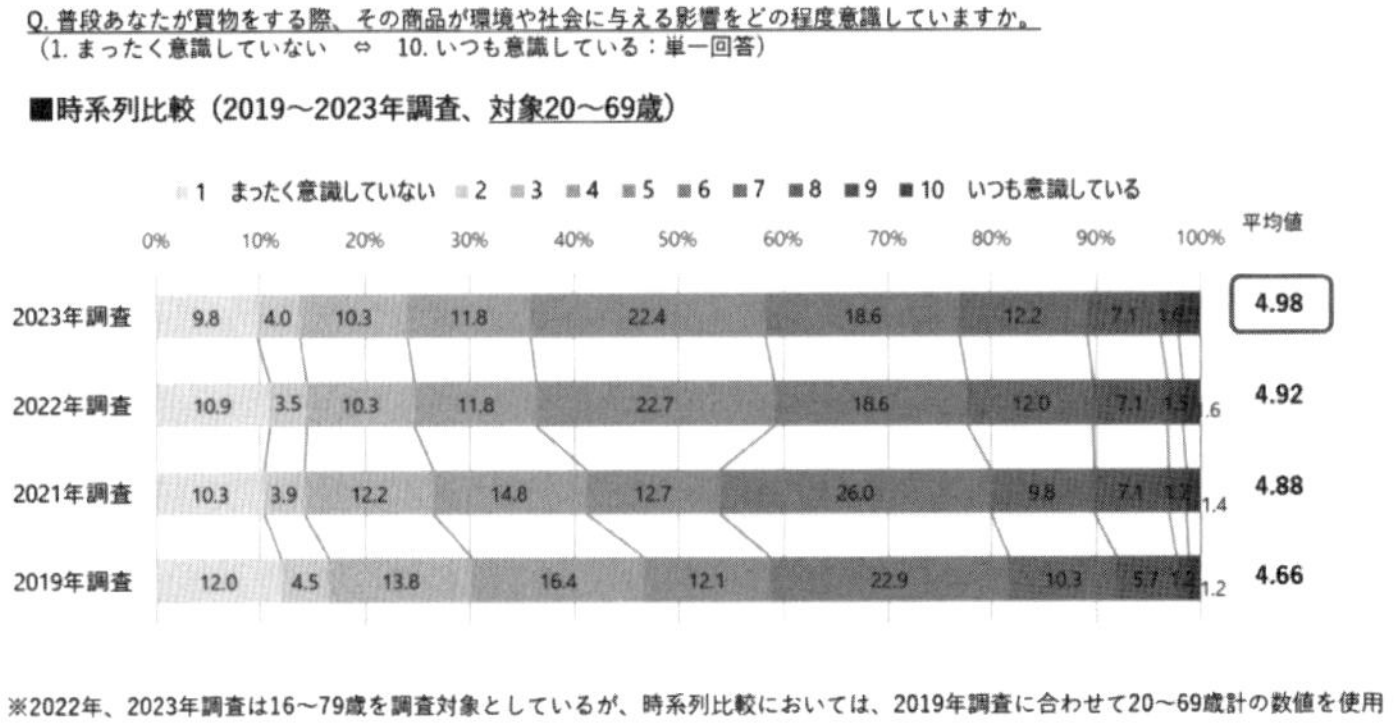

図１　博報堂SDGsプロジェクト「生活者のサステナブル購買行動調査2023」

ど、いざ買物するとなると、「自分が損をするのはいやだ」——そんな本音から、政府が主体となって運動をしてもなかなか消費行動に結び付きませんでした。

しかし、徐々にＳＤＧｓやエシカル消費が普及して、生活者が買物で商品を選択する際にも、環境に優しい素材から作られた製品や、持続可能な方法で生産された製品を選ぶなど持続可能な社会に貢献できるものにしようといった基準を持つ人が増えてきました。

「博報堂ＳＤＧｓプロジェクト」の「生活者のサステナブル購買行動調査２０２３」（図①）によると、買物の際に環境・社会に与える影響を意識しているか10点満点で聞いたところ、20〜69歳の平均値（２０２３

年）は4・98点。初回調査（2019年）の4・66点から年々高くなっており、環境・社会を意識した購買行動が徐々に拡大しています。

売上の一部が社会貢献活動に寄付されるチャリティー商品・サービスなども社会問題の解決に貢献できることが購入のモチベーションになります。開発途上国の農家や職人が適正な報酬を受け取れるように支援するフェアトレード商品も注目されるようになってきました。

買物で災害復興を支援 定着した「応援消費」

次に、**②生産者や販売者を応援したくなる情報に出会う、**についてです。

生産者や販売者を応援する消費活動として、応援消費という概念があります。応援消費とは、特定の地域や業界、個々の事業者を支援する目的で消費者が意識的に購入を行う行動です。自然災害や経済危機などが発生した際に見られることが多く、地域経済の活性化や復興支援に寄与します。

例えば、2011年の東日本大震災後には、被災地の産品を積極的に購入する「がんばろう東北」キャンペーンが広く展開されました。消費者は被災地で生産された農産物や工芸品などを積極的に購入し、その地域の復興を支援しました。

また、コロナ禍のパンデミックにおいても、飲食業や観光業などが大きな打撃を受けたことから、オンラインでの地方特産品の購入や、地元レストランのテイクアウト・デリバリーサービスの利用が奨励されました。これらの行動は「新しい生活様式」の中で応援消費の形として定着しつつあります。応援消費は単に金銭的な支援だけでなく、地域の魅力を再発見し、文化や伝統を次世代に伝える手段としても注目されています。消費者と生産者が直接つながることで、より意識的で持続可能な消費が推進されると考えられます。

成功事例

株式会社良品計画『無印良品の資源循環活動』

モノを大切にする文化を伝える

無印良品を展開する株式会社良品計画はユニークな資源循環活動を展開しています。例えば、生活者から不要になった無印良品の衣料品を店舗で回収して、できる限り商品にリユースする活動『ReMUJI』、傷・汚れによる戻り品の中でも十分使える商品を販売する『もったいない市』、家具を所有せずに借りることができる『月額定額サービス』などを展開しています。生活者はこれらの取り組みへの参加を通じて①**社会貢献につながると実感できる**ため、利他・社会性を活用している事例だと言えます。

『ReMUJI』は、無印良品が取り組む衣料品のリユース・アップサイクルプロジェクトです。2010年に衣料品をリサイクルしてエネルギーに変える活動に参加した際、まだ着られる服が多く含まれていることに気付き、「すべてをエネルギーとしてリサイクルするのはもったいない」という想いから生まれました。

最後まで布を大切に扱う日本の文化を基に、色が褪せているものを染め直して再生する

ReMUJIでアップサイクルされた一品もの（画像提供：良品計画）

『染めなおした服』、古着特有の匂いや汚れへの懸念を無くすために洗浄した『洗いなおした服』、服と服をつなぎ合わせてリメイクした『つながる服』の販売を通じて、服を大事に着ることを伝えています。

衣料品のリユース・アップサイクルサービスは、近年様々な企業が取り組みを強化していますが、その中でも『染めなおした服』、『洗いなおした服』、『つながる服』は、回収した商品を店舗のスタッフが丁寧にひとつひとつ確認の上で仕分けを行い、無印良品の世界観に合った新しい価値を加えてアップサイクルして販売している点と言えます。

売場にも工夫があります。通常の衣料品は規格があり、たたんで陳列されていますがこの3つの商品は一品ものであり、サイ

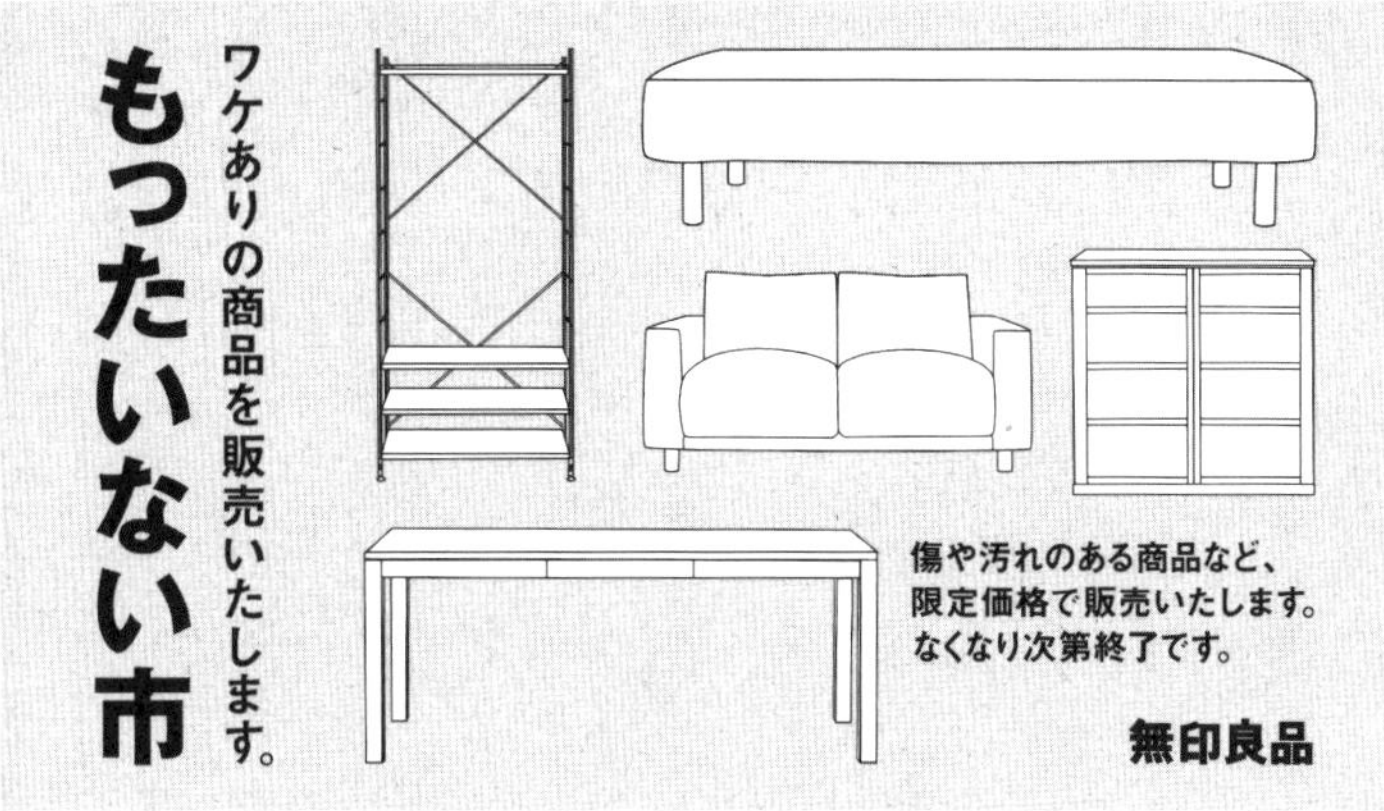

ワケあり商品を限定価格で販売（画像提供：良品計画）

ズや型、色が異なっているため、服をハンガーに吊るして陳列することで、遠くから全体を見て気になるものを選べる売り場を作っています。

また、これらを展開する場所には、可能な限り回収ボックスを近くに配置しています。回収ボックスと隣接させて、取り組み紹介のPOPと合わせて情報発信することで、初めて見る人でも回収された服が再生されることが直感的に理解できます。

さらに、取り組み紹介のPOPには回収した衣料品の量を伝えている他、活動成果をホームページで公開するなど、成果が見える化されているため、参加者は自分のアクションの効果を実感できるようになっています。

家具を借りる、
くらしが変わる。
「必要なモノ」を
「必要な期間」だけ

「家具を借りる」という提案（画像提供：良品計画）

　一方で「もったいない市」という傷・汚れによる中古品の中でも十分使える商品を販売する取り組みがあります。中古品を購入する際、多くの生活者は傷の状態など商品の個体状態を確認したいと望んでいます。

　しかし、ひとつひとつの商品をサイトにアップすると労力がかかり、その分価格を抑えることができないことが課題です。なるべく工程を省いて価格を抑え、お客様が「まあ、これならいいか」と納得していただけるような売り方を検討した結果、商品や梱包の傷や汚れの程度をサンプル画像で説明し、ネガティブな要素を積極的に公開する形式が取られています。

　加えて交換パーツの有無やクリーニングの程度、返品・交換不可といった条件を明記して、納得してもらえる場合にのみ購入いただく条件付きの販売を行っています。

さらに、購入時の状況や商品に応じて「所有する／所有しない」「新品がいい／中古でいい」など様々な利用スタイルの選択肢を作るため、「家具を借りる」月額定額サービスも提供を開始しています。

例えば、単身赴任や進学など、決まった期間のときだけ家具が必要な場合や家具選びに失敗してしまうなど、これまでであれば購入後すぐに捨ててしまうシーンを減らすことができるサービスです。今後、商品の幅や借りられるものの種類、借り方、商品の回収、リユース、リサイクルの方法を設計し、気付かずとも「同じ原料を長く使う」ことに参加できるようなサービスを構想しているようです。

「誰かにとってのいいこと」を可視化する

では、具体的に「利他・社会性」のツボを刺激するにはどのようなポイントがあるでしょうか。

キーワードは**「可視化」**です。

まずは、**「社会課題の可視化」**です。

商品・サービスが生まれた背景にある社会課題の存在を伝えて、生活者に問題意識を持ってもらうことが必要です。

誰がどんなことに困っているのか、このまま問題が解決しないとどんな結果が起きてしまうのかを具体的に伝えて、課題解決の必要を感じてもらいます。

次に**「貢献方法と貢献対象の可視化」**も重要です。

課題解決の必要を伝えたあとに、どのような手法で解決することができるのか方法を明示します。解決力のある方法であると確信を得られなければ、解決するべき課題であっても、そのアクションに参加する必要性を感じてもらえないからです。

こうした事態を防ぐために、貢献する方法や対象をしっかり伝えて、自分がアクションに参加することの意義を感じてもらうことが重要です。例えば、『ReMUJI』では、使用済みの衣料品を廃棄やリサイクルにしてしまうのではなく、無印良品の品質管理のもとで、可能な限りリユースしていくことにこだわる姿勢を伝えています。

近年、不用品の処理への関心が高まり、「しっかり不用品を活用してくれる所に任せたい」という意識を持つ人も増えており「ゴミに出すよりはしっかり責任をもって再活用してくれる無印良品に預けたい」と感じていただき、賛同が集まっているのです。

さらに**「貢献成果の可視化」**が加わればかなり強力です。

自分の選択でどれだけの貢献ができるかが具体的にわかると、より効果的に参加を促すことができます。貢献成果を表現するときは数字で伝えることが有効です。

何万人の人にどんなメリットを与えることができたのか、いくらの金額を支援できたのか、などわかりやすい実績を伝えることで自分の貢献が形になることが実感できて協力を引き出すことができるでしょう。

数字以外で貢献成果を可視化する方法としては、支援を受けた対象のコメントやメッセージを定性的に伝える方法もあります。

このように、利他・社会性の「可視化」は、生活者が「自分も参加したい」というモチベーションを高めることにつながります。社会貢献の具体的な方法や成果が見えることで、生活者は自分の行動が社会に与える影響を実感し、さらに積極的に貢献する意欲がわくのです。

まとめ

- 利他・社会性のツボは「他者や社会に〝も〟いいことができて買いたくなる性質」。
- 社会貢献につながると実感できる、生産者や販売者を応援したくなる情報があることが感じられると買いたい気持ちが高まるため、ラブ&ブーストに位置付けられる。
- 資源回収への協力や、再生品を購入することができれば、①社会貢献につながると実感できる仕組みを作り、利他・社会性を刺激できる。
- 利他・社会性のツボを刺激するためには、社会課題、貢献対象、貢献成果の可視化をすることが有効。

07

鮮度・体感

「今が買い時！」という
旬の新鮮さを演出する

定義

鮮度・体感とは「鮮度を感じたり、五感が刺激される」ことで買物をしたくなるツボ。ラブ＆ブーストに位置づけられる。「とれたてピチピチ」の生鮮食品や、焼きたてのパンなど食料品が思いつきやすいが、工業製品の新モデル、雑誌やＷＥＢの新情報など、すべての商品には鮮度があり、それを体感することで買いたくなる。

相性の良いカテゴリー

食品・飲料

専門店・百貨店

スーパーマーケット

日用品・トイレタリー

できたてでファンが拡大
広がる「工場直送サービス」

「鮮度・体感」を感じて買いたくなる瞬間は、以下のふたつが挙げられます。

①鮮度に魅力を感じる
②活気を五感で感じてワクワクする

それぞれの要素について解説していきます。

まずは①**鮮度に魅力を感じる、**についてです。

魚や青果であれば、旬のものは何かと探したり、新鮮さを示すサインをチェックしたりしながら、よりおいしそうなものを選びます。最近ではフードロスを減らす観点から、より古いものから消費するようにという運動も盛んですが、日配品などをまとめて買物する際には、やはり賞味期限の長いものを選んでしまう人が多いでしょう。鮮度は買物の重要なポイントです。

生鮮食品はもちろんですが、加工食品もできたてを食べたいニーズはあります。それをかなえるのが「工場直送」です。調べてみると、ポテトチップス、コーヒー、ビール、おかき、アイスクリームなど、様々なジャンルで工場直送サービスがありました。

工場直送便は、できたてのおいしさをお届けしたいという想いから、「生産から〇日以内」という期間限定で配送されていることが多いようです。そのため、生産数が限定されていたり、申し込める期間が決まっていたりと、特別感を味わえるのも魅力です。また、できたては香りが豊かだったり、パリパリの食感があったりと、おいしさを嗅覚や触覚など五感から体感できるものです。

「できたてを食べて、さらにファンになった」「このおいしさを周りにも伝えたかったが、鮮度が命なのでその前にひとりで食べきってしまった」など、やみつきになり、ファンの獲得につながっています。

テンポの速いＢＧＭでコンビニの売上が上がった

次は**②活気を五感で感じてワクワクする、**です。催事のコーナーで目立つ装飾などで売場に活気があると、それだけで思わず目を惹かれたことがあるのではないでしょうか。「何かお得なものがあるのではないか」「新商品が出たのではないか」と注目が集まり、売上にも寄与しそうです。

では、売場に活気があることで、実際に売上は変わるのでしょうか。

活気を演出するもののひとつにＢＧＭがありますが、ＢＧＭを用いて、売上が変わるかを検証した実証実験があります。２０２０年12月にＵＳＥＮと昭和女子大学が共同で「ＢＧＭのテンポによってお店での購買行動が変わるのか」という検証実験を実施しました（出典：音空間デザインラボ『ＢＧＭのテンポがお店での購買行動に及ぼす影響』）。

実験は、30～50代の男女42名を2グループに分け、実際のお店を貸し切り、所持金は1万円として「休日、コンビニエンスストアに普段使いの食品・飲料品・日用品などを買いに来た」という想定で買物してもらいました。一方のグループは遅いテンポのＢＧＭ、もう一方のグループは速いテンポのＢＧＭを流す店で買物し、購入までの所要時間、購入金額、感情状態、店に対する印象を測定しました。

実験の結果、速いテンポのＢＧＭでは、時間あたりの購入金額が高くなることがわかりました。テンポの速さが売上増に貢献したのです。

では、すべての小売店のＢＧＭを速いテンポにすれば売上増につながるかというと、そうとも言えないようです。先行研究（Milliman 1982, 1986）では、アメリカの中規模スーパーマーケットや酒類を提供するレストランで実験を行いました。その結果、遅いテンポのＢＧＭのもとで、店の滞在時間が長く、売上が高くなっています。

スーパーは、店内をうろうろと歩いていると、「そういえば、もう少しで醤油が切れてしまうから買っておこう」と思い出し、いろいろとついで買いが起きやすい流通です。そのため、滞在時間を長くするテンポの遅いＢＧＭが効果的だったと思われます。

コンビニは、スーパーに比べると品揃えが少なく、滞在時間が短いのが特徴です。そんな中では速いテンポのＢＧＭの方が衝動買いをさせやすくするのかもしれません。

成功事例

株式会社トリドールホールディングス『丸亀シェイクうどん』

片手で持てるシェイクするうどんがテイクアウトの概念を変える

丸亀製麺が「お持ち帰りの新体験」として、発売した『丸亀シェイクうどん』は、「鮮度をダイレクトに伝えつつ」、シェイクするという動作で「活気を五感で感じさせる」仕掛けがうまく掛け合わされています。

丸亀製麺は、讃岐うどん専門店としての本格感や、手づくり・できたてにこだわりを持ち、おいしいうどんを提供してきました。その味へのこだわりはそのままに、〝感動テイクアウト〟というコンセプトのもと、生まれたのが『丸亀シェイクうどん』です。

商品の特徴のひとつが、ワンハンドで持てる容器です。今までのうどんのテイクアウトはテーブルに置いて食べる、丼ぶり型でしたが、『丸亀シェイクうどん』は縦長のカップ型で、片手で持つことができ、車のカップホルダーにも入ります。そのため、どこでも気軽に食べられます。

もうひとつの特徴が、「シェイク」して食べるという楽しさです。食べる直前にうどんと具材とタレを均一に混ぜ合わせるために、「シェイク」というエンターテインメント性が生み出されました。今までのテイクアウトは、店内喫食の代替として〝実用性〟が重視されてきましたが、そこから一歩進化させ、楽しさやワクワク感を提供しています。

『丸亀シェイクうどん』の購買層は、丸亀製麺の既存の顧客層であるビジネスパーソンやファミリー層だけでなく、若年層など新たな顧客層が取り込めています。例えば、高校生が学校終わりに、小腹を満たすために買いに来るなど、既存の商品とは違うシーンで食べられていました。

また土日の家族で出かけるシーンでの活用も多いそうです。丸亀製麺では、『丸亀うどん弁当』という、うどんと天ぷらと定番おかずが載ったテイクアウト弁当もあるので、お父さんは『丸亀うどん弁当』、お母さんと子供は『丸亀シェイクうどん』というような、家族のニーズに合わせた商品が揃ったことで、利用シーンが広がりました。

２０２３年５月の発売から約２カ月半で累計２５０万食を突破し、お持ち帰り商品カテゴリーの売上は前年対比１４８％を達成しました。

『丸亀シェイクうどん』は今までにない味の開発にも力を入れています。２０２４年の夏に発売された『豚しゃぶおろしレモンシェイクうどん』はさっぱり食べられるヘルシーさがあります。

ワクワク体験が大好評の丸亀シェイクうどん
（画像提供：トリドールホールディングス）
※季節によっては発売していない時期があります。

また、鶏から、ハンバーグ、赤ウインナー天を入れた『よくばりシェイクうどん』など、今までの讃岐うどんの王道とは違う、子供が喜びそうな具材を取り入れるチャレンジもしています。今までのうどんにない意外性も大切にし、味でも楽しさを表現しています。

その結果、土日の少年サッカーや野球チームの差し入れに、「シェイクうどん20個お願いします」という注文があったりと、利用シーンが広がっています。

うどんは消化が早く、食欲がないときでもつるっと食べられ、塩味で熱中症対策にもなり、スポーツの現場で受けています。

丸亀製麺では、『丸亀シェイクうどん』発売後に、『丸亀うどーなつ』という、うどんからうまれた新食感のドーナツも発売。こちらも子供や女性に評判が良く、売上も好調です。今後も、おいしさはもちろん、お客様を飽きさせず、新しい感動体験をテイクアウトでも提案していきたいとのことでした。

五感で感じられる表現への変換が鮮度・体感を広く伝えるカギ

鮮度・体感を刺激するには、**五感（視覚、聴覚、嗅覚、味覚、触覚）**でわかる表現に置き換えることが大事です。丸亀シェイクうどんも、五感に訴える設計がされています。

①視覚（うどんのシズル）
②聴覚（シェイクするときの音）
③触覚（シェイクをするときの振動や行動）
④嗅覚（シェイクをすることで香りが立つ）
⑤味覚（最後にできたての状態でおいしく食べられる）

このように分解してみると、「シェイク」という行動が、五感と密接に紐づいていることがよくわかります。五感にフルに訴える仕掛けを組み入れることが、鮮度・体感を高めるポイントです。

また、『丸亀シェイクうどん』は広告表現にも鮮度・体感をとり入れています。従来の「丸亀製麺」の広告は、おいしさを伝えるためにうどんのもちもち感や具材の圧倒的なシズル感が表現されていました。一目でおいしそうというのが伝わります。

一方で『丸亀シェイクうどん』の広告は、楽しさ、ワクワク感が伝わるビジュアルで、商品の活気を体感することができます。このように商品が持つ鮮度・体感の価値を視覚で伝えることができると、多くの人の興味を引くことができます。

まとめ

- 鮮度・体感のツボは「鮮度を感じたり、体感が刺激される」ことで、買いたい気持ちがアップすることです。
- 「工場直送」など新鮮な商品をお客様に直接届けたり、ＢＧＭで売り場の活気を感じさせるなど五感に訴えることで効果が増します。
- 「丸亀シェイクうどん」は、テイクアウト市場で「シェイクする」というワクワクする体感を提供し、女性や子供などの市場拡大につながっています。
- 鮮度・体感を幅広い人に伝えるには、五感情報への変換が大切です。

第 2 章

“買ってもいい”を“盛り上げる”7つのツボ
『REASON & BOOST』

08

限定感

限りあるチャンスはものにしたい

定義

「すぐに買うべき理由」を提供するツボ。感情に訴えかけて衝動買いを喚起するものではなく、買うべき理由を生活者に提示する、理性的アプローチ。リーズン&ブーストに位置づけられる。先伸ばしにして結局買わない、を防いで買う言い訳を提供してくれる汎用的なツボ。

相性の良いカテゴリー

食品・飲料

スーパーマーケット

美容関連・化粧品

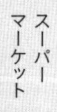

買わないと逆に損?! お得なのは「今」だけ。

「限定感」を感じて買いたくなる瞬間は以下の3つが挙げられます。

①時限的なお得感がある
②すぐに買うべき希少性を感じる
③ちょっとした限定がある

それぞれみていきましょう。

まずは、**①時限的なお得感がある、**について説明します。

これは、特にEC通販の普及とともに拡大してきたポイントです。生活者はEC通販の普及によって、常に買物環境にアクセスが可能で、24時間365日買物に思いを馳せられます。近年ではブラックフライデーや「年に1度の大セール」など、大型ECモールを中心に、多くの時限的なセールが開催されています。容易にお買物できてしまう分、これらのセールで何かを買わないともったいないような気分になる生活者も多いのではないでしょうか。

私自身、ＥＣ通販サイトの自分の閲覧履歴に応じたタイムセールの通知が来ると何となく1日中気になって購入に至ってしまうことが頻繁にあります。その他にも、「もう1点購入すると2点目が20％ＯＦＦ」など、生活者は実店舗でも時限的なお得感に惹かれて買いたい気持ちを高めることは多いです。「今なら〇〇もお付けします」「今なら名入れなどの加工が無料」といった期間限定のおまけも同様に時限的なお得の一種です。

近年では、ダイナミックプライシングという概念も注目されています。需要と供給の変化に合わせて商品やサービスの価格を変化させることで、需要が多いときは価格が高く、少ないときは安くなります。

ホテルや旅館で、年末年始やゴールデンウイークといった連休では価格が通常期よりも高くなるハイシーズン制は従来からありましたが、テクノロジーの発達で、それ以外の時期でも、需要を詳細に感知して価格を自動的に変動させるシステムの導入が拡がっています。プロスポーツのチケット販売に導入されているほか、今後は自動販売機やコインランドリーなど、様々なサービスに拡がる見込みがあります。普段より安い価格を見つけたら即買い、そんな生活シーンも増えそうです。

逃したらもう手に入らない、すぐに買うべき希少性

次に、**②すぐに買うべき希少性を感じる**、について解説します。

せっかく「いいな♪」と思うものに偶然出会っても、普段から調べて買うことが習慣づいた人は、そのまま調べずに購入することに抵抗があって保留してしまう。そうこうしているうちに、買わないままになってしまった。こういう経験をした人は多いのではないでしょうか。生活者にとってすぐに買うべき希少性はいろいろなケースが想定されますが、いくつか例を紹介します。


いつもは売り切れなのに偶然売っているのを見つけたとき、逃したら手に入らない気持ちになります。人気の商品を買い逃した経験がある方ほど強く感じる気持ちです。

例えば、有名旅館の予約サイトを見ていて、今予約しないと、満室になってしまうかもしれない、こうした焦りから予定していたグレードよりもちょっとだけいい部屋を予約し

てみた、その結果普段よりもいい体験をすることができてかえって満足度が高い。こんなケースもありそうです。

人気の商品以外では、曜日限定販売が近い例かと思います。たまたま気になっていた商品が実は今日（火曜日）しか売っていない、明日また来ても買えず、出直して買おうと思ったら1カ月間待たないといけない、こういった状況も「すぐに買うべき希少性」を生活者が感じる瞬間になります。

「○○限定」は、つい手を出したくなる

最後に、**③ちょっとした限定がある、**についてです。

「○○限定」があると、生活者の「今買った方がいいかな」「試してみたい」といった欲求を引き出すことができます。朝・夜専用ドリンク（時間帯限定）、スポーツ選手モデルのスニーカー（人限定）など、生活者は自分の琴線に触れた「限定」を見つけると、ついつい試してみたくなるかと思います。

他にも、以下のような例があります。

・「限定カラー」のタオルが売られていて、つい買いたくなる
・推しとコラボしたお菓子の「限定のおまけ」があって、つい買いたくなる
・「季節限定」の匂いの入浴剤が売られていて、つい買いたくなる

このような商品は、売り切れたら終了ということも多く、いま買わないと無くなってしまうのではないか、来年はもう出ないのではないか、という気持ちが生まれ、いま買っておこうとなりやすいです。また、例に挙げた、スポーツ選手のモデルなどは、持っていることが喜びとなり、集めたい気持ちもくすぐられ、つい手を出したくなる限定感です。

「5W1H」を活用した限定品と「一点モノ感」で醸成する希少性

最後に、限定感のツボを効果的に刺激するコツをふたつ紹介します。

ひとつ目は**「5W1H」を活用した限定感づくり**です。数量・時間・場所・人などに着目して「○○限定」を演出する、取り組み易いアイデア発想方法です。

例えば、

・朝・夜など「時間限定」
・この地域、この店舗でしか手に入らないという「場所限定」
・○○選手モデルといった「人限定」

などを考えることでツボを刺激するアイデアにつながります。このように様々な「○○限定」を探して、生活者の「今買いたい」を引き出しましょう。

ふたつ目は**「一点モノ感」で希少性の演出**です。数量限定の究極の姿ではないでしょうか。それが大量生産品であったとしても、製造時のひと手間で「一点モノ感」を演出することができます。

例えば、出版界では、著者がサインを入れた「一点モノ」の本を販売する発売プロモーションがよく行われます。その他にも、商品にシリアルナンバーを付加して「一点もの」を演出することもできます。ＳＮＳ上では自らのコレクションを画像で公開するときにロットナンバーも併せて投稿する生活者も多いです。その他の商品でも、証明書や鑑定書のようなものを付加することで価値を高めることができるかもしれません。

まとめ

□ 限定感のツボは、「すぐに買うべき理由がある」という気持ちが芽生えること。

□ 限定感を生活者が感じる瞬間は、時限的なお得感、いま買うべき希少性、ちょっとした限定の3つ。

□ EC通販の普及を背景に、限定感の重要性は今後も高まっていくと考えられる。

□ 5W1Hに注目して限定感を作ったり、一点モノ感の醸成で希少性を演出するのが有効。

09

フィット感

自分にぴったり！が欲しいの鍵

定義

「自分にぴったりだと思える」ことで、買いたい気持ちが刺激される。リーズン＆ブーストに位置付けられる。自分の状態に合わせて商品が提案されたり、商品に自分の好みを付け加える余白があるとうれしい。商品機能やブランドイメージの差別化だけではなく、「自分向け」という理由が付加され、より買いたくなる。

相性の良いカテゴリー

家具・インテリア

趣味に関する商品（書籍／音楽／映像・動画など）

専門店・百貨店

「それって私じゃん！」自分にはまると欲しくなる

「フィット感」を感じて買いたくなる瞬間には、以下のふたつが挙げられます。

①「自分の状態」にぴったりあって欲しくなる
②自分の「意見」や「好み」を反映できる

それぞれみていきましょう。

まず、①**「自分の状態」にぴったり合って欲しくなる、**についてです。普段は何気なく選んでいる商品でも、自分の状態を計測したりカウンセリングを受けたりすると、より適したものを選びたくなります。

例えば、以下のような例が挙げられます。

・百貨店で肌の状態を調べてもらい、ふさわしい化粧品を選ぶ
・足のサイズを測って、足に負担の少ない靴を選ぶ

このふたつは、私自身が体験して、実際に商品を購入したことがある買物体験です。靴の例では初めてのマラソン大会に向けてランニングシューズを選ぶ際、スポーツショップで足を計測してもらいました。

普段履きのランニングシューズであれば、そこまでせずにデザイン重視で選んでいたかもしれませんが、マラソン大会となると話は変わってきます。42・195キロを走りきるため、少しでも足の負担を和らげられるよういい道具に頼ろうと考えたのです。

すると、右足の方が少し大きいことや、足の甲が細めであることが判明。店員さんに適したモデルを勧めてもらい、右足に合わせた履き心地を選ぶアドバイスも受けました。結果的にサイズは普段と同じでしたが、実際に自分の足を知って選ぶことで、マラソンを走りきる自信にもつながりました。

このように、ちょっと特別なときや、何か問題を解決したい強い想いがあるときこそ、「なんとなく」ではなく、しっかり「自分に合ったものを選びたい」というニーズが生まれます。

最近は、「リフレッシュしたい」「リラックスしたい」「集中したい」など、気分に合わせて選べる商品も増えています。特に飲料や入浴剤などのカテゴリーで多く、Z世代をターゲットにした商品が目立ちます。Z世代の多様な気分に寄り添うことで、従来の商品と差別化し、「自分と深く関係している」と感じさせることで購買意欲を刺激しているのです。

自分のワガママを聞いてくれるとうれしい

次に、**②自分の「意見」や「好み」を反映できる**、についてです。

インターネットの普及により、メーカーと生活者が直接つながり、意見を発信しやすくなりました。例えば、新商品のアイデアや改良点、再販リクエストを投稿できるメーカーのホームページが増えています。

さらに、こうした投稿を単なる意見募集にとどめず、CGM化（Consumer Generated Media）して、商品開発の共創プラットフォームにしているものもあります。

・「こんなのあったらいいな」というアイデアを投稿
・他のユーザーが「いいね」を押せる仕組み
・メーカー担当者からの返答
・実際に意見が反映された商品の紹介

このような仕組みにより、生活者同士のつながりも生まれます。メーカー側にとっては、調査では見えにくい潜在的なニーズを発見できるメリットがあり、生活者にとっては「自分の意見に共感が集まる」「自分のアイデアが商品化される」ことで、メーカーへの愛着が深まるというポジティブサイクルが生まれます。また、「好み」を反映する例としては、商品そのものをカスタマイズやパーソナライズできるサービスが増えています。

・オーダーメイドのシャンプー：髪質・頭皮の状態・好みの香りに合わせて調整
・スニーカーのカスタマイズ：パーツごとに好きな色を選んでデザイン
・オーダーメイドの枕：姿勢や頭の形にフィットするように調整

こうしたカスタマイズやパーソナライズは、大量生産ができず生産に手間がかかるため、価格が高くなりがちですが、それでも「自分専用」の価値に魅力を感じる人は少なくありません。

そんな状況の中で、自分の好みに合わせて細かくカスタマイズでき、1000円を超えるサラダを提供して、拡大を続けている成功事例をご紹介します。

成功事例

株式会社CRISP『クリスプサラダワークス』

完成品に自分の好みでカスタマイズできるサラダ

フィット感のツボの代表的な事例として、細かくチョップドされた野菜や肉などを自分好みにカスタムできるカスタムサラダ専門店の『クリスプサラダワークス』をご紹介します。2014年に創業し、現在、都内と神奈川・大阪に計30店舗を展開しています（2025年1月時点）。

主なメニューとしては、自分でゼロから組み合わせられる『カスタムサラダ』と、店が用意した多種多様な『シグネチャーサラダ』があります。『シグネチャーサラダ』もその中身を自分の好みに合わせてカスタマイズできるのが特徴です。

カスタマイズできる範囲は、ベース（ロメインレタスやホウレンソウなど）、トッピング（自家製クルトンやコーンなど）、ドレッシング（シーザードレッシングやマイルドシラチャードレッシングなど）と、サラダを構成するすべての要素を変えたり、追加したり、減らしたり、

「自分好みのサラダに出会える」がコンセプト
（写真提供：CRISP）

自由にアレンジすることができます。また、選べる種類がたくさんあり、特にドレッシングは独自性にあふれていています。

どれくらいの人がカスタマイズを加えているかというと、なんと注文する人の8割がなんらかのカスタムを加えているそうです。フィット感の「自分の〈好み〉や〈意見〉を反映できる」が購入の決め手になっていることがわかります。

例えば、アボカドとエビは相性の良い組み合わせとしてよく使われていますが、アボカドは好きだけどエビは嫌いといったニーズにも細やかに対応しています（注：購入商品より低い金額のトッピングに変更しても金額はマイナスにはなりません）。

サラダというと、ターゲットは若い女性と思われがちですが、実際の客層は、男性と女性は半々くらいの売上で、年代的にも30代がボリュームゾーンになっています。

出店戦略もユニークで、1店舗目は麻布の路面店から始まりましたが、今はオフィスビルやオフィス街での出店を強化しています。リピーターが多いのはオフィスワーカーということがわかってきたのがその理由です。

例えば、夜は会食すると決まっているので、昼はクリスプサラダワークスにしようといったシーンなど、健康に配慮しながら、しっかり食べたい人のニーズをとらえています。

体調管理に敏感なビジネスパーソンにも人気が高い
（写真提供：CRISP）

自分のお腹の空き具合に合わせたり、男性でも満足できるようにトッピングを追加できるカスタマイズ性が、幅広い層に受けているのではないでしょうか。

また、「利用頻度」と「カスタム」の関係性で面白かったのは、利用回数が少ない方が、カスタムが多いという事実です。最初はいろいろ試して、自分の好みを試してみる。そこで、自分の好きなものを見つけると、だんだんと固定化して、いつもと同じものを「過去の購入履歴」からボタンひとつで頼むという傾向にあるそうです。

なぜ客の行動パターンが把握できるのか。それは、アプリによるモバイルオーダーまたは店頭のセルフオーダー機で、すべての注文を受けているところにあります。客の行動パターンがデータとして蓄積されているのです。

例えば、バースデークーポンを利用すると、商品のパッケージに「ハッピーバースデー」の手書きメッセージを書き添えてくれたりもします。メッセージサービスはお客様からもとても喜ばれていて「うれしかった」という声が多数挙がっています。このように、商品だけでなく接客サービスでも自分の状態に合わせた自分だけの体験として「フィット感」を与え買物欲を刺激しています。

個人個人に着目し、どのようなデータを取得すべきか考える

フィット感のツボを実際に刺激していくポイントをまとめます。

これまで見てきたように、フィット感を生み出すには、何よりもお客様のデータを取得することが大切です。

データには以下のように、いくつかの種類があります。

- 購買データ：「買った」という事実
- デモグラフィックデータ：「誰が」購入したのか（年齢・性別・居住地など）
- サイコグラフィックデータ：「好み」や「価値観」
- 行動データ：「いつ、どこで」購入・利用したか
- 測定・カウンセリングデータ：「現在の状態」や健康・体調など
- ニーズデータ：「これが欲しい！」という具体的な要望

データを活用して、個人個人のフィット感を高めていくような商品やサービスの提供をすることが可能です。また、蓄積したデータを分析し、パターン化することで、多くの人にフィットする商品開発も可能になります。

データをためていき、お客様の傾向を把握し、パターン化することができれば、大多数の人にフィットする商品やサービスが開発できる確度も高まってきます。

ただし、むやみにデータを集めるだけでは活用しきれません。

①お客様の満足度を高めるために、何を提供したいのか

②そのためにどのデータが必要か

まずは、このふたつを明確にし、効果的なデータ活用を進めていきましょう。

まとめ

□ フィット感のツボは「自分にぴったりだと思えて欲しくなる」こと。

□ 要素は「自分の状態」にぴったり合って欲しくなる、自分の「意見」や「好み」を反映できて買いたくなる、のふたつ。

□ 自分の状態を計測して提案してくれる計測&カウンセリングサービスや、好みや意見を収集して商品に反映できるアプリやプラットフォームの開発が広がっている。

□ フィット感を生み出すにはお客様のデータ取得が肝。どんなサービスを提供したいか、そしてそのためにはどんなデータ取得が必要かを検討する。

10

驚愕・非日常

想定の斜め上を行く驚きが
財布のひもを緩くする

定義

「期待を上回る体験や商品に驚いたり、日常とは違う非日常感をおぼえて買物スイッチが入る」ツボ。リーズン&ブーストに位置づけられる。過去の買物経験から蓄積された期待値や基準を超えた提案をされると、テンションがあがり、ついつい生活者の財布のひもは緩みがちに。そのため、買物において驚愕・非日常を感じる瞬間は、意外と理性的な判断の上で気持ちが向上している。

相性の良いカテゴリー

家具・インテリア

家電・電化製品

美容関連・化粧品

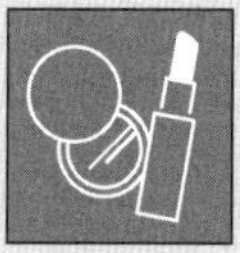

専門店・百貨店

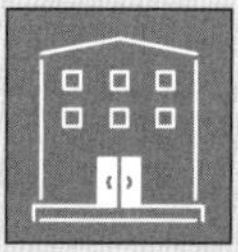

旅行中に普段なら買わないものまで買ってしまう理由

「驚愕・非日常」を感じて買いたくなる瞬間には次のふたつがあります。

①非日常な体験にワクワクする
②口コミを見て、期待感が高まる

それぞれみていきます。

まず、**①非日常な体験にワクワクする**、についてです。

買物客は、買物をするときにある程度期待や予測を持っています。それは、これまでの買物の経験の中で蓄積された基準です。

例えば、以下のような例が挙げられます。

・この商品だったら○○円ぐらいという、価格に関する基準

・チョコレート菓子だったら棚一面分くらいだろうという品ぞろえに関する基準
・このブランドなら安心できるという品質に関する基準

生活者は、その基準を超えた提案をされると、驚き、心が動き、買物スイッチが入ります。そのため、買物において驚愕・非日常を感じる瞬間は、意外と理性的な判断の上で気持ちが向上しています。

経験が少ないために蓄積された基準が簡単に覆り、買物スイッチが入りやすいシチュエーションが旅行です。旅行に行って、買う予定のなかったものをいっぱい買ってしまったという経験は皆さんもあるのではないでしょうか。

私も、クリスマスマーケットで買った雪だるまの置物、民芸品のランプなど、家の近所の雑貨屋さんに置いてあれば、おそらく買わなかったけれど、旅先だから思わず買ってしまったものがたくさんあります。しかも、断捨離しようとしても捨てられないことが多く、家の一角に旅の思い出コレクションを並べるスペースが出来ています。

このように、買物は必要なものや欲しいものを購入するだけでなく、驚きや非日常の中で、「ワクワクした気持ち」や「思い出」といったコトを形として残す手段にもなっているのです。

口コミは良くも悪くも驚きの追体験

次に、**②口コミを見て、期待感が高まる、**についてです。

そもそも、なぜ「口コミ」は驚愕・非日常と関係しているのかについて、ひも解いていきたいと思います。

商品の購入の決め手に関して調査をすると、参考になった情報として「口コミ」を挙げる人が多数です。昔は家族や友人からの口コミが多かったですが、最近はSNSやECのレビューなど、いたるところで口コミを目にすることが増えました。

口コミを書こうと思うときはどのようなときかというと、自分の予想を超えて良かったことや、予想に反して悪かったことを書きこむことが多いようです。そのため、口コミは大小様々な驚愕体験の集まりといえます。

口コミを書く人は全生活者のうちほんの少数ですが、読む人も追体験をしている点に注意が必要です。口コミという驚愕体験エピソードによって、それを読んだ人にも「買物に関する自分なりの基準」が作られていくことになるのです。

口コミの中で、何を重視しているか、またどんな情報を大切にしているかは、対象としている商品やサービスによっても変わってきます。

口コミの「量」を気にするときと、「中身」を気にする場合があります。例えばスキンケア品などは、口コミの数が少ないと、どんなに良い口コミが書かれていても自分の肌に合うかわからないという点で不安になり、購入意欲は下がります。

そのため、スキンケアの新商品の発売では、インフルエンサーにギフティング（インフルエンサーに商品やサンプルを無償で提供し、良かったら口コミを書いてもらうこと）を行ったり、店頭発売よりも先行してＥＣで発売をし、ＳＮＳやインターネット上に口コミが書かれる状態を作ることがよくあります。

ある程度口コミがたまった段階で、店頭販売を開始することで、店頭で見かけた新商品をその場で検索すると、すでに何件か使った人の口コミが書いてあって、その内容を読んで購入を後押ししてくれます。

また、口コミの「中身」に関しては、いい口コミだけで商品を判断するのではなく、悪い口コミを積極的に読んでいる人もいます。ネガティブ要素が自分にとって許容範囲かどうかを判断してから商品の購入を決定します。これは、商品に対する「期待値」を自分の中でコントロールする行為だと考えられます。

口コミは商品の購入前だけでなく、購入後にも触れることが多くなりました。買う前にもたくさん口コミを調べたのに、買った後も新しい口コミを見て、自分が気に入っている商品の良さを再確認し、うれしい気持ちになるのでしょう。それによって、次も同じ商品を購入しようと、リピートの気持ちを高める効果を生みます。

成功事例

東急不動産株式会社『東急プラザ原宿「ハラカド」』

都心のど真ん中に「銭湯」や「ハラッパ」特別な体験を創造

「驚愕・非日常」の事例として紹介するのは、2024年4月17日に開業した、東急プラザ原宿『ハラカド』(以下、ハラカド)です。

明治通りと表参道の交差点の角に位置した商業施設です。「銭湯」が入っていることで大きな話題を呼びました。「街のど真ん中」に銭湯という、場所と施設の異質な組み合わせを今まで経験したことがないため、多くの人に驚きを与えます。そのため、非日常を感じやすく、ワクワクしてしまうのではないでしょうか。

なぜ銭湯を入れることになったのでしょうか。それは、東急不動産の「商業施設はその地域に住む方のコミュニティの場として役割を果たすことが重要」という開発理念に基づいています。銭湯はお風呂に入るという目的だけではなく、日常的に地元の人が通いつながりが生まれる施設です。

一目見ただけで驚きに満ちた「ハラカド」（画像提供：東急不動産）

商業施設にとっては、銭湯で稼げるのかというのも大切な視点です。模索の中で出会ったのが、東京・高円寺の小杉湯でした。銭湯文化を継承するという社会的使命を持ち、利用料金だけではなく、企業の広告とかけあわせて収益をあげるという新しい稼ぎ方で、次の世代にバトンをつなぐというプランを聞き、新しい事業モデルとして成り立つと考え、テナントに決めました。

驚きの施設は銭湯だけではありません。「ハラッパ」と名付けられた、まさに原っぱのようなパブリックスペースがフロア全面を使って作られています。

アート作品やたくさんの植物が置かれ、カフェも併設された開放的なスペースで

銭湯が人と人とのつながりを生む（画像提供：東急不動産）

す。親子がアート作品の周りで遊んでいたり、原宿に遊びに来た人がカフェでお茶をしたり、旅行客が写真を撮ったり、ビジネスパーソンが打ち合わせをしたり……多種多様な人々が思い思いにハラッパでのひとときを過ごしています。

「商業施設」なのに、お店ではなく「憩いの場」が広がっているという驚きと、非日常感を感じさせます。

それはお客さまにも伝わっており、ハラカドの口コミには、「商売している感じではなく楽しむ場所といったイメージ」という声がありました。

「商業施設のメディア化」で新収益モデル クリエイティブな刺激があふれる

ユニークなテナントがたくさん入っているハラカドのコンセプトは、「多様な人々の感性を刺激する、新たな原宿カルチャーの創造・体験の場」です。

大切にしたのは、原宿・神宮前の文化的背景です。1960～70年代にデザイナー、フォトグラファー、俳優、音楽家、コピーライターなど時代を代表するクリエイターたちの活動拠点となった原宿セントラルアパート、原宿のKawaiiカルチャーの発信である竹下通り、キャットストリートなど、様々な創作活動が育まれてきました。そんな原宿に立地するハラカドは、日常の体験の中でクリエイティブな刺激を感じてもらい、その街の空気の中で消費体験を提供するのがコンセプトです。

もうひとつの特徴が、商業施設の「メディア化」です。「ハラカド」の開発途中であった、2020年はコロナ真っ只中。ECが一段と身近になる中、商業施設というリアルな場の意義を考え、「床貸し」だけではない事業モデルに変えていく必要がありました。そこで着目したのが、立地です。年間8900万人が通行する原宿と表参道の交差点という強みと、クリエイティブで発信力が高い人が多く行きかう土地の特性。これを生かし、体験型

自由で開放的なスペース「ハラッパ」(画像提供：東急不動産)

を中心としたPRができるイベントスペースとして付加価値を提供することで、ブランディングを達成し、メディアとして唯一無二の空間づくりに成功しました。

ハラカドは、テナントの運営もユニークです。施設運営者が企画を考えて、テナントに伝えるようなピラミッド型ではなく、テナント同士が連携して、コラボレーションや共創が自発的に生み出されるフラット型を目指しています。その実現のために、テナント同志をつなぎ合わせる、コミュニティマネージャーを採用しています。最近では、企業がお客様と交流を図る目的でファンコミュニティ（例えばSNS）などを持つことが増えてきました。そのファンコミュニティを運営する中でコミュニケーションを円滑にするための役割を担うのがコミュニティマネージャーです。ハラカドのコミュニティマネージャーがテナント同士の横連携が生まれやすいように、町内会や部活動などの仕組みをつくり運営しています。

その結果、テナント同士のコラボイベントなどが自発的に生まれるようになっています。今までの商業施設とは違うこの新しい組み合わせが、予定調和ではない、お客様に驚きのある体験を提供しつづける仕組みになっています。

矛と盾のような関係で、驚きを与える

生活者に驚愕・非日常を与えるにはどうすればよいか、と考えても、ひらめくことは難しく、思考が止まってしまいます。

驚きを与えるには、組み合わせが重要です。前述した通り、ハラカドの事例でいうと、「街のど真ん中」に「銭湯」という場所と施設の組み合わせが驚きを与えます。

さらに深掘ると、「最新のものが集まるイメージの街のど真ん中」に、「昔ながらの良さを感じさせる銭湯」というように、最新と昔ながらという**相反する組み合わせが驚きを与えていることがわかります**。それはまさに、中国の古典『韓非子』の「矛と盾」のような関係です。

その意外性が大きければ大きいほど、人間の当たり前の基準や思い込みを超える驚愕・非日常感につながっていくのではないでしょうか。

興味喚起から購買まで活用できる口コミ

もうひとつのツボの刺激方法としては、**驚きの体験を追体験できる口コミを、購買プロセスのいろいろなフェーズに組み込む**というものです。

購買プロセスとは、認知から興味、比較検討、購入と大きく3つのフェーズに分かれます。口コミは検索して口コミサイトなどで見たりすることが多く、買物ジャーニーの中では中盤の比較検討フェーズで見ることが多いと思います。

しかし、広告や店頭POPに活用するというのもひとつの手です。もちろん口コミ記者の許諾をとることは必須です。広告に使うことによって興味喚起になりますし、店頭POPに使うことによって興味だけでなく購買の後押しにも有効です。

生活者の買物に関するインタビューでは、「SNSの口コミをきっかけに購入した」と答える人が多く見られます。それまで商品を知ってはいたものの購入を考えていなかった人が、好意的な口コミを目にしたり、話題になっているのを知ったりすると、興味を持ち、詳しく調べることがあります。また、購入を迷っている人にとっては、背中を押してくれるような口コミが決め手となり、購買につながることもあります。

このように、人にも伝えたくなる驚きの体験を、口コミを通して伝えることで、購入プロセスのどのフェーズでも、買いたい気持ちを増幅させることにつながります。

まとめ

- 「驚愕・非日常」は、「期待を上回る体験や商品に驚いたり、日常とは違う非日常感をおぼえて買物スイッチが入る」ツボ。
- 過去の物経験から蓄積された期待値を超えた提案をされると、テンションがあがり、意外と理性的な判断の上で気持ちが向上しているため、リーズン&ブーストに位置づけられる。
- 買いたくなる瞬間は、「非日常な体験にワクワク」したり、「口コミを見て、期待感が高まる」とき。
- 刺激方法は、真逆の関係である「矛」と「盾」の関係を考えたり、口コミを購買プロセスで活用する。

11

協調性

これを買って自分も一員になる

定義

「買物を通して他者と関わったり、協調したいと思う」ツボ。他者と協調できることは買いたい気持ちを高める理由になるため、リーズン＆ブーストタイプに位置付けられる。自分が購入した商品・サービスの利用を通じて自己表現をして、同じことに興味のある集団の一員だと伝えたい、社会常識を確かめて合わせたいという感情に起因する。

相性の良いカテゴリー

美容関連・化粧品

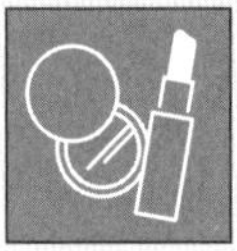

家具・インテリア

ドラッグストア

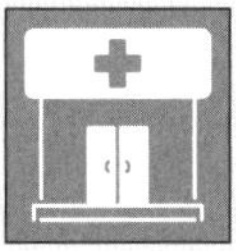

趣味に関する商品（書籍／音楽／映像・動画など）

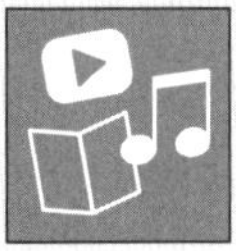

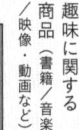

常識的な「ちゃんとした人」であるために

「協調性」を感じて買いたくなる瞬間には次のふたつがあります。

①社会の規範に合わせた買物ができる
②コミュニティの一員になれる

それぞれ解説します。

まずは**①社会の規範に合わせた買物ができる、**についてです。

社会的規範を守ることで協調性を表現する——そんな買物もあります。人は悪目立ちして他者から非難されたり、阻害されたりするリスクを避けるために、社会の常識やルールを意識して何を購入すれば良いかを考えることがあります。社会に適応するための適切な行動をとるために他人の選択や行動を模倣することもあるでしょう。

就職活動時に悪目立ちをしないためにリクルートスーツを購入する行為は、まさに典型例と言っていいでしょう。社会の規範に沿う行動ができる人であることを示すことができ、周囲と協調できる商品だと理解できることで、買いたい気持ちが高まります。

私も一緒
コミュニティの一員だと示したい

次に**②コミュニティの一員になれる、**についてです。

自分の好きなブランドの製品を使っている人を見ると、勝手に親近感を覚えたりしませんか？　生活者は、自分と共通の感性を持つ仲間を探すために、特定のブランドを愛用することを通じて、セルフブランディングをしています。

これは心理学では「類似性の法則」と呼ばれており、自分に似た特徴、価値観、行動、あるいは興味を共有する他者に惹かれやすいという心理学の法則です。同じブランドを好むという共通点があることで、相手が自分と似た価値観や好みを持っている可能性が高いと推測して、相手への信頼感が自然と高まるのです。

また、同じブランドを愛好するグループの一員であるという連帯感も生まれます。共通の興味や話題が会話のきっかけとなりコミュニケーションが生まれることで、関係も深まりやすいのです。

例えば、ファンクラブのメンバーがグッズを購入する行動や、特定ブランドの製品を購入して、ブランドが示すライフスタイルへ共感する一員として所属感を得ることもあります。

このように、モノは他者と協調するためのセルフブランディングメディアとして活用されています。モノを生活者の自己表現のメディアととらえた場合、ブランドが持つ価値観や世界観に価値が生まれます。

今後、ブランドは品質保証という意味だけではなく、どんな価値観・世界観を表明できるファクトがあるのか、それがどれだけ生活者に共感されるのか、という点を強化していく必要があるでしょう。

成功事例

株式会社ぐるなび『接待の手土産―秘書が選んだ至極の逸品―』

常識とその上をいく配慮　大切なシーンでハズレなしの安心

『接待の手土産―秘書が選んだ至極の逸品―』は、株式会社ぐるなびによって開設された「こちら秘書室」の秘書室会員約38、400人（2025年1月現在）のネットワークを活用して、現役秘書の目利きにより選ばれた心づかいが伝わる贈り物をお取り寄せできるサービスです。「ビジネスの場でも通用する、上質な手土産情報を伝えたい」という想いから「接待の手土産」は生まれています。手土産のスペシャリストである秘書が目利きした信頼できる商品が紹介されており、大切なビジネスシーンの贈り物だけでなく、お中元やお歳暮、プライベートでのこだわりのギフト選びをすることができます。

手土産選びは渡す相手、シーンや目的、時期など、TPOに合った最適なものを選ぶ必要がある難しい買物です。特に商談や接待で手渡す手土産には様々なビジネスマナーが存在します。例えば、「相手に気を遣わせないための適切な予算を設定する」「個包装で賞味期限が長いものを選ぶ」「季節や相手の好みに合わせた気の利いたものを選ぶ」「人数より

接待の手土産《てみやげ》

―秘書が選んだ至極の逸品―

折り目正しさが伝わってくる端正なロゴ（画像提供：ぐるなび）

も少し多めの個数を用意する」「包装や袋の準備」「のし紙に記載する内容」など、細かいマナーを守る必要があります。しかも、大前提として手土産の味やデザインは相手の期待に応える高い水準が求められるため、選ぶことが非常に難しいのです。『接待の手土産―秘書が選んだ至極の逸品―』は、手土産を選ぶプロである〝秘書〟が目利きした間違いのない商品の中から選べることで、ビジネスの規範に合わせた「外さない買物」ができることから、「協調性」を上手く刺激している事例と言えるでしょう。

２０１５年より味・デザイン性・実用性・高級感・素材・商品に込められた想いなど、現役秘書ならではの視点で手土産を審査する『接待の手土産セレクション』を毎年開催しています。これは、現役秘書が年間を通じて開催される品評会で審査し、高い評価を得た商品を「特選」として認定するものです。２０１８年からは、通算３回「特選」に選ばれた商品を「殿堂入り」に認定しています。約1、000名の現役秘書が参加し、「今の時代にふさわしい手土産」を選んでいます。

『接待の手土産セレクション』で選出された商品を紹介するムックも発売。各商品紹介には、手土産選びの知識とノウハウを持つ現役秘書ならではの評価ポイントやコメントを掲載。重さや、紙袋の質感、賞味期限などに加え、手土産に関するマナーなど、ビジネスやプライベートでの手土産選びに役立つ情報がまとまっています。

2023年に出版されたムック本。
手土産選びに便利
（画像提供：ぐるなび）

秘書は、お相手の嗜好やお渡しするシチュエーション・出身地・健康状態・家族構成だけでなく、味はもとよりサイズや重さ、ビジネスにふさわしい包装や紙袋、商品に込められた想いやストーリーまで配慮して選ぶスペシャリストです。そんな秘書が目利きしたセレクトの中から商品が選べるので、マナーに配慮しながら他者から褒められる買物ができます。例えば、購入できる店舗が少ない「わざわざ感」のある商品や、オフィスで配りやすい個包装、相手の健康を気遣う商品など、受け取った人が心づかいに感謝したくなる商品を選ぶことができます。

実際にサイト上で商品を選ぶ際の検索メニューにも工夫がされています。価格や商品ジャンルで絞り込みができるだけでなく、「送る相手から選ぶ」「送るシーン」など手土産選びをする際に重視する項目が細かく設定されており、商品を絞り込むことができます。特に、ユニークな絞り込み条件が「秘書のイチオシポイント」です。「希少価値高い」「軽く、かさばらない」「日持ちが良い」など通常の商品検索だとなかなか絞り込めない条件が設定されています。

各商品の紹介ページには、秘書の評価コメントが掲載されています。どんなところが良いのか、スペシャリストの視点で評価コメントが記載されており、客観的な視点で商品を理解できるため、安心して商品を選ぶことができます。また、商品紹介もわかりやすく、生産者・販売者の歴史や商品に込めた想いがストーリー形式で紹介されており、商品の魅力をより深く理解できます。

時代の常識をとらえ続けて変化する

「社会の規範に合わせた買物ができる」と協調性を感じて買いたくなるとお伝えしましたが注意しなければならないことがあります。

それは、社会的規範は時代によって変わるため、時代の価値観に合わせてメッセージや商品ラインナップを調整する必要があるということです。

例えば、小学生が使用するランドセルが良い例です。一昔前までは男の子は黒、女の子は赤のランドセルを買うことが一般的でした。しかし１９９０年代に、色を男女で区別することに対して、「男はこうあるべき、女性はこうしなければならない」といった考えを押し付けることにつながるとして、見直すことになり、性別にかかわらず好きな色が選べるようになりました。

元々ランドセルの色は牛皮革の染色技術による制約から黒と赤に限定されていましたが、現代では様々な色のバリエーションが制作できるようになり、好みや個性に基づいた色選びが主流になっています。社会の性別観の変化と共に自由な自己表現を尊重するといった変化が起きたのです。

売り手である小売店やメーカーはこのような**社会の意識の変化、常識の変化を常にとらえ続けて商品ラインナップを見直す必要があります。**場合によってはこれまでの常識を変えるために新しい常識を普及させて、これまでにない需要を生み出す方法もあります。

先ほどのランドセルの事例で考えると、近年はランドセル以外にリュックの利用を認める自治体も現れており、ランドセルの代替となる商品を開発して「ランドセル以外の選択肢もあってもいいのでは?」とコミュニケーションを行い、新しい価値観や常識を生み出すという考え方もあるかもしれません。

自社の商品が選ばれやすくなるように、戦略的に買物の新しい常識を作り出していくことも有効でしょう。

まとめ

□ 協調性のツボは「買物を通して他者と関わったり、協調したいと思う性質」。

□ 他者と協調できることは買いたい気持ちを高める理由になるため、「リーズン＆ブースト」タイプに位置付けられる。

□ 「社会の規範に合わせた買物ができる」「コミュニティの一員になれる」ことで買いたい気持ちを盛り上げることができる。

□ 協調性を刺激する企画を作成するためのヒントは、「時代の常識をとらえ続けて変化する」。

12

その配慮がうれしいから
ここで買っちゃう!

先回り・察知

定義

「先回りの配慮が心地よく、買いたくなる」ツボ。リーズン&ブーストに位置づけられる。「そんなところまで!?」「よくわかっている!」という配慮に、買いたい気持ちが高まる。買い場がどんどん効率化される中で自分のことをわかってもらっているという感覚は、今よりも重要になっていくと予想される。

相性の良いカテゴリー

食品・飲料

スーパーマーケット

日用品・トイレタリー

コンビニエンスストア

そう、それが欲しかった！気が利いているお店はうれしい

「先回り・察知」を感じて買いたくなる瞬間には次のふたつが挙げられます。

①かゆいところに手が届いて、気が利くと感じる
②同伴者や周辺環境にまで配慮が行き届いていると感じる

それぞれみていきましょう。

まず、**①かゆいところに手が届いて、気が利くと感じる、**について解説します。生活者はどんなサービスを受けると、良い印象を抱くのでしょうか。例えば、以下のようなケースが挙げられます。

・切らしてしまいがちな商品のパッケージを見ると、残量がわかりやすい
・何を選んだらいいのかわからないときにサポートがある

・よく一緒に買う商品が近くに並んでいる

購買サイクルの長い、調味料や洗剤などはついつい切らしてしまいがちです。このような「買い逃し」を防ぐ工夫があると、「かゆいところに手が届く」と感じやすくなります。例えば、防虫剤は薬剤の有無で有効期限が明確に目視できます。このように、〝なくなりかけ〟を知らせる仕組みがある商品は、次回も選ばれる可能性が高くなります。

「かゆいところに手が届く」と感じるのは、消費者の不安に先回りして対応してくれたときです。ファッション雑誌に載っているようなハイセンスなトータルコーディネートは、配色やアイテムの組み合わせが参考になります。しかし、金銭的にすべてを取りそろえることは難しく、部分的に取り入れた結果、期待とは異なる仕上がりになった経験を持つ人も多いでしょう。

そこで、初心者向けにリーズナブルなアイテムを使ったトータルコーディネートの提案があれば、「センスがなくてもまねできる」「失敗しにくい」と感じ、購買意欲が高まります。

さらに、ネット通販でサイズ交換が無料など、失敗を見越したサポートがあると、商品選択への不安が軽減され、新しい買物への挑戦もしやすくなるのです。

「関連する商品が近くに並んでいる」ことも好印象です。スーパーマーケットは入口から出口までの回遊経路がある程度決まっています。「野菜コーナーでジャガイモを買わなかったけれど、肉を見ていたらカレーが作りたくなった」。こういうときに精肉売り場にカレー用の野菜セットが並んでいると手に取りやすくなります。

一方で、生活者の買いたい気持ちに響かない「先回り」もあります。私が体験した例です。あるお店ではハンバーガー売場の近くに炭酸飲料を置いたものの、あまり売れ行きにつながってないように見受けられました。関連購買を優先させて炭酸飲料を常温で置いていたのです。

購入後すぐに食べる人が多い立地だったのもあり、冷えていない炭酸飲料には手が伸びていないようでした。「かゆいところに手が届いている」と思ってもらうためには、生活者の利用シーンに寄り添った先回りが必要です。

いつ行っても隅々にまで配慮が行き届く
そんなお店で買物したい

次に、**②同伴者や周辺環境にまで配慮が行き届いていると感じる**、について解説します。これは直接的に自分に関係しなくても、買物への意欲を高めるサービスの一例です。

例えば、同伴者が快適に過ごせる環境があれば、自分自身も買物に集中でき、購買意欲が高まります。以下のような例が挙げられます。

・子供が安全に遊べる家族連れのショッピングモールのキッズスペース
・同伴者が休憩できるスペース
・ドッグランなどペットの同伴が可能なスペースが併設された商業施設

これらはいずれも、同伴者に配慮もできているため、自分自身が買物に集中する時間を確保できます。

子育て層は子供が嫌がれば買物が中断されますので、子供のコンディションに合わせて買物するしかありません。家族連れの多いショッピングモールなどにはキッズスペースがあって、一時預かりサービスを提供しているところもあります。子供にとってはいつもとちょっと違う場所で遊ぶ楽しい体験を、大人にとっては自分自身の買物に集中できる時間を提供しています。

対象は子供だけではありません。私自身が実際に見て、思わず笑ってしまったのは、観光地のショッピング街で見た「お父さん預かります」の看板です。男性の方がすぐに買物に飽きてしまうのでしょうか。お父さんが休憩している間に、残りの家族はゆっくりと買物ができるのです。

ペットを家族の一員として扱う家庭も増えています。ドッグランを検索すると「散歩なし」が予測変換されました。ドッグランが併設された店舗に行くと、ペットも喜びますし、その日の散歩替わりにもなりますので、お買物時間もゆっくり確保することができます。

さらに「先回り・察知」を感じる配慮の対象は同伴者だけでなく、周辺環境にも及びます。買い場がどんどん効率化されていく中で、周辺環境にまで手が回りにくい現状があるからです。

衛生状態が悪い店舗や駐車しにくい店舗には行きたくなくなりますが、逆に清掃が素晴らしく行き届いていたり、駐車場の誘導がスムーズだったりすると「そんなところまで⁉︎」と買物をしたい気持ちが高まります。人手不足もあり、買物に直接関わらない領域にまでサービスが行き届いた店を探すのは今後難しくなっていくでしょう。「この店がいい」と生活者が感じる大事なファクターになりそうです。

株式会社GiftX『GIFTFUL（ギフトフル）』

成功事例

心を込めて選びたい、でも……。「選び直しアリ」でギフトの最大課題を解決

先回り・察知のツボの代表的な事例として、株式会社GiftXが提供する、贈る人と受け取る人の両方に新しい体験を提供するギフトサービス『GIFTFUL』をご紹介します。

『GIFTFUL』では、贈り手がまず受け取り手が喜びそうな商品をひとつ選んで贈ります。その後、受け取り手は以下の二択が可能です。

①提案されたギフトをそのまま受け取る
②同価格以下のギフト候補から本当に欲しいものを選び直す

この仕組みにより、「もう持っている」「欲しいものと違う」といったミスマッチを防ぎ、贈り手も安心してギフトを選べます。さらに、『GIFTFUL』の掲載商品は各ブランドと丁

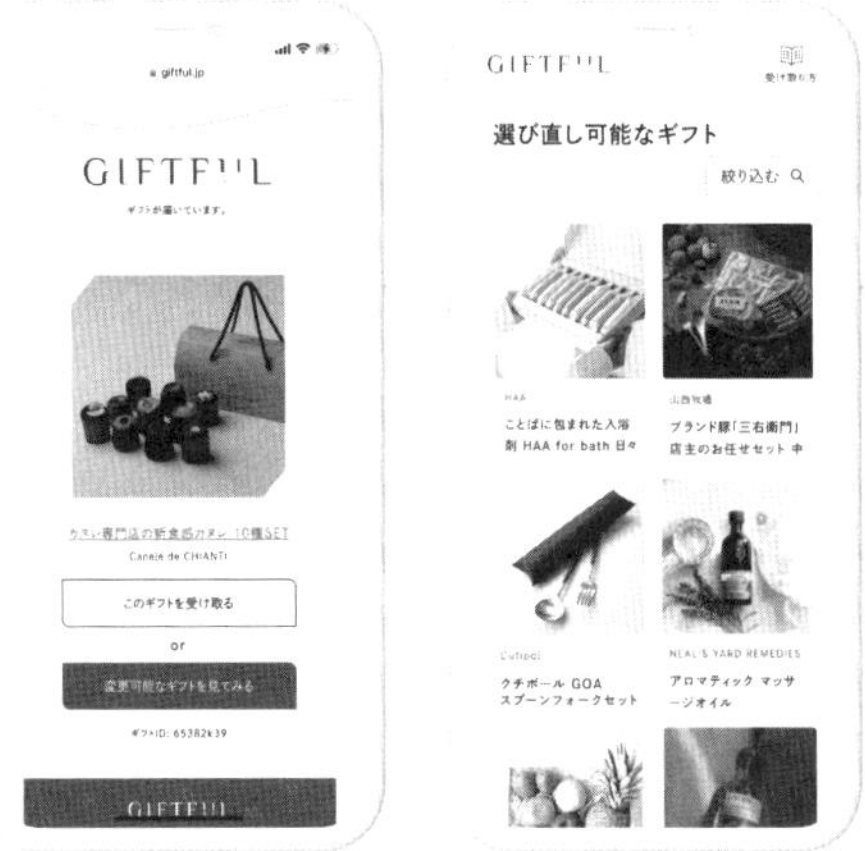

“選び直し”ができるのがポイント（写真提供：GiftX）

寧に交渉して厳選された上質なものばかり。相手の好みに自信が持てないときでも失敗が少なく、安心して利用できます。

『GIFTFUL』は、デジタル化が進む中で希薄になりがちな人間関係を温かい贈り物でつなぎ直したいという想いから生まれました。子供のときにもらったプレゼントのような、温かく情緒的な部分を再現することがサービスの原点です。カタログギフトのように「欲しいものをただ渡す」のではなく、「相手を思って選ぶ」温かさを大切にしています。

贈り手の「ギフト選びに失敗したくないが、想いを込めて選びたい」という気持ちを支えつつ、ギフトシーンにマッチした商

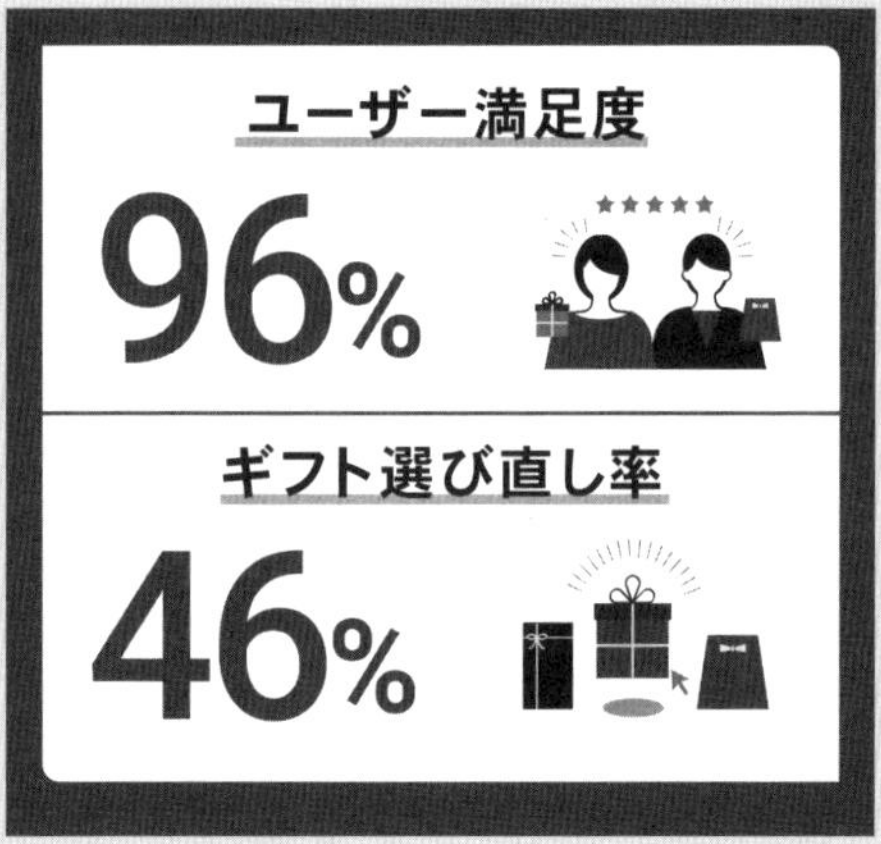

脅威的な数字からも満足度の高さがうかがえる（写真提供：GiftX）

品をラインアップ。選び直しが可能なことで、安心感と挑戦する楽しさを両立させています。

こうした前提があるので「これなら自分で選ぶハードルが下がる」と思えます。生活者の不安な心に先回りした配慮があって「かゆいところに手が届く」と感じるギフト体験です。

利用者の声を聞くと、選び直しの仕組みがあるからこそ攻めたギフト選びもできるようです。

例えば、出産祝いに「これまで飲めなかったお酒を楽しんでほしい」といった大胆なギフトも、選び直しの仕組みがあるためチャレンジが可能です。さらに、受け取り手が選んだギフトをあえて贈り手に共有することで、新たなコミュニケーションも生まれています。

では、実際にもらったギフトを選び直す人はどれくらいいるのでしょうか？　私は、ほとんどの人が遠慮して選び直せないのではないかと予想したのですが、実に約4割以上の方が選び直しを利用しています。「気兼ねなく欲しいものに選び直してほしい」という贈り手からのメッセージが効果的で、選び直しがしやすい設計になっています。

『GIFTFUL』の贈り手と受け取り手の双方に尋ねた顧客アンケートの結果では、満足率は実に96％。満足度の高さから受け取り手が贈り手に転換する好循環も生まれているようです。個人以上に相手の好みがわかりにくい法人ギフトシーンでの利用も急増しており、今後も『選び直し』の輪はどんどん拡がっていきそうです。

限定感
フィット感
驚愕・非日常
協調性
先回り・察知
セレンディピティ
人気感

常識を覆せば「感動的な配慮」に

最後に、先回り・察知のツボを刺激するコツ・仕組みをふたつ紹介します。

ひとつ目は**「ジレンマ解決の仕組み」**です。「常識では○○だが、この商品・売場は××だ」で発想するのがコツです。例えば『GIFTFUL』では、相手の好みがわからなくて困るという常識を、選び直しという手段で覆しています。自社のカテゴリーや商品にまつわる常識の中で、生活者が普段困っている常識、もっとこうだったらいいのにと思っている常識を覆すとしたらどんなアイデアがあるでしょうか。

「常識では○○だが、この商品・売場は××だ」という発想を取り入れると、生活者が感じている不便や困りごとを解決する新たな価値を生み出せます。

例えば、『GIFTFUL』は「相手の好みがわからない」というギフト選びの悩みを、選び直しができる仕組みで解決しています。他にも、以下のような例があります。

・宅配便：時間指定が常識だったが、宅配ＢＯＸの登場でいつでも受け取れる
・診察時間：平日の診察が常識だったが、深夜でも診療可能な病院が登場
・購入方法：早い者勝ちが常識だったが、予約制で待たずに買える

これらの例は「時間指定で受け取れない」「診察時間に間に合わない」「早い者勝ちで買えない」という困りごとを解消し、生活者の満足度を高めています。自社の商品やサービスの常識を振り返り、生活者の困りごとを解決する仕組みを考えてみましょう。

「二度、おいしい」しかけを作って先回りの配慮を演出する

ふたつ目のヒントは**「一石二鳥の仕組み」**です。生活者に「一回の購入や利用で複数のメリットが得られる」という感覚を提供することで、買物欲を大いに引き出せます。現代のタイパ（タイムパフォーマンス）を重視するライフスタイルにおいて、この「一石二鳥感」は非常に魅力的です。

具体的な刺激方法ですが「AもBも複数のシーンで使えそう」という構造があると効果的です。以下のような例が挙げられます。

・「大人」だけでなく「子供」も喜んでくれるお土産になる
・「お弁当」にだけでなく「夕食のおかず」としても使える
・「会社」だけでなく「プライベート」でも着まわせる
・「オーブン」としてだけでなく「トースター」としても使える

このように「複数の場面で役立つ」構造をアピールすることで、配慮が行き届いた印象を与えられます。結果として、先回りのサービスとして生活者の満足度が高まるのです。

まとめ

- 先回り・察知のツボは「先回りした配慮が心地よく、買いたくなる」気持ち。
- 「かゆい所に手」が届いたり、自分だけでなく「同伴者・周辺環境にも配慮」があると気持ちが高まる。
- 買い場がどんどん効率化する中で、わかってもらえる感の重要性は増す。
- 皆が実は困っている常識の「ジレンマ解決の仕組み」「買物で一石二鳥感」をつくると効果的。

13

「運命の出会い」と感じると欲しくなる

セレンディピティ

定義

「潜在的に欲しかった物に偶然出会って、買いたくなる」ツボ。リーズン&ブーストに位置付けられる。「A」を買いに行ったのに、偶然「B」との出会いがあり、「Bもけっこうイイじゃん！」と受け入れて買うという経験。偶然というとリーズンではないようだが、偶然出会って自分が良いと感じるには、潜在的なニーズを言い当てられて買う理由が見つかるからである。

相性の良いカテゴリー

専門店・百貨店

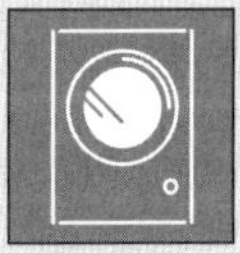
家電・電化製品

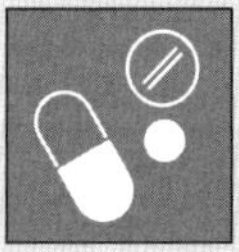
医薬品・サプリメント

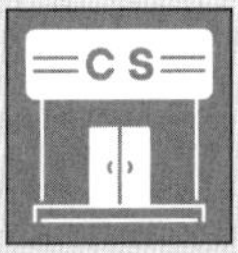

コンビニエンスストア

語源はおとぎ話から幸運をもたらす偶然の出会い

「セレンディピティ」を感じて買いたくなる瞬間には、次のふたつがあります。

①普段選ばないものに、買う理由が見つかる
②欲しかったものを言いあててくれる感じがある

まず**①普段選ばないものに、買う理由が見つかる、**について説明します。セレンディピティという言葉は、イギリスの小説家であるホレース・ウォルポールが生みだした造語で、『セレンディップの3人の王子（The Three Princes of Serendip）』というおとぎ話が語源になっています。

物語に登場する3人の王子たちは旅をする中で、求めていたものとは違う偶然の出会いによって幸運を手にしました。そのような偶然の幸運に出会う能力を、「セレンディピティ」と名づけたのです。

買物に置き換えてみると、「A」を買いに行ったのに、偶然「B」との出会いがあり、「Bもけっこういいじゃん！」と受け入れ買ってしまうことです。そう置き換えると、意外と皆さんの買物の中でもセレンディピティの体験があるのではないでしょうか。Bと出会い、「Bもけっこういいじゃん！」と思うには、売り場での情報が大事になってきます。

私が体験したセレンディピティな買物体験は、スーパーのワイン売り場にあった店頭POPです。ワインのPOPといえば、原産国、ブドウの品種、味が重めなのか軽めなのかなど味に関する説明が書かれています。そのスーパーでは、ワインに合うおススメの料理、しかも「トンカツ、ビーフシチューに合う」というように、具体的な料理名までPOPひとつひとつに書いてありました。

献立を決めてからワインを選ぶときに、そのPOPの情報により、いつもなら買いそうにないワインと出会いました。まさにセレンディピティな買物体験でした。

あなたにはコレ！ズバリ言い当てられると欲しくなる

次に、**②欲しかったものを言いあててくれる感じがある、**についてです。先ほどの料理とワインは、献立に合ったワインが欲しいというニーズが、ＰＯＰによって顕在化した経験です。加えて、店員からの提案によって、自分が認識してなかった潜在的なニーズを掘り起こされたり、言い当てられた感じがすると、無性に欲しくなります。

例えば、洋服を買いに行って、ズボンを選びに行ったのに、店員さんがおススメで合わせてくれたトップスが自分では選ばないようなデザインで、試しに着てみたら気に入って、買ってしまうというような経験です。

自分で選ぶといつも同じような服になってしまい、新しい服を試してみたいという潜在的なニーズを掘り起こされます。このような経験はリアルの店舗で、おススメしてくれる店員がいる場所でこそ起こる経験ですが、最近は生成ＡＩの発達により、ＥＣ上でも生まれてきています。

それが、相談すると答えてくれるＡＩアシスタントサービスの開発です。これにより、自分では具現化できないが、欲しかったものを言いあててくれる感じがします。ＥＣサイトでは、検索キーワードを入れて、商品を探すのが一般的です。

しかし、検索キーワードが定まっているということは、ある程度情報の収集ができていて、ニーズが明確になっている状態です。例えば、キャンプに行こうと思ったときに、何を準備すればよいか、それをどう選べばいいかといった情報を収集し、その後に、ＥＣサイトで商品の検索をします。

ＡＩアシスタントがＥＣサイトに備わっている場合は、その事前の情報収集が必要なくなり、「キャンプ初心者が最初に買った方がいいものは何か？」と相談をすれば、必要なものを提案してくれます。そこには、自分が想定していなかったものが、提案されるかもしれません。生活者が具現化できていない商品の提案もしてくれるため、まさにセレンディピティが体験できます。

しかし、ＡＩアシスタントの活用は、まだ始まったばかりです。事例では、テクノロジーの進化とコンテンツの力を組み合わせて、ＥＣ上でセレンディピティな商品選びをサポートしている、メガネブランドZoffの『EAsee Zoff Virtual Fitting』を紹介します。

成功事例

株式会社インターメスティック『EAsee Zoff Virtual Fitting』

スタッフコレクションでセレンディピティな出会い

『EAsee Zoff Virtual Fitting（以下、Zoff EASee）』はオンラインでメガネをバーチャル試着できるサービスです。2024年の3月にZoff公式オンラインストアでサービスをスタートしました。正確に顔のサイズを採寸することで、バーチャル上でも実寸に近い形でのメガネ・サングラス試着を実現しています。

なぜ、この機能がセレンディピティを感じるかというと、オンラインストアのコンテンツ『Zoffスタッフコレクション』が、『Zoff EASee』と連携しているからです。

『Zoffスタッフコレクション』とは、Zoffスタッフがプロ目線でお気に入りアイウェアを選んだスタイリング画像コンテンツです。

そのたくさんの写真の中から好きなものを選んで、実際にお気に入りのメガネを試着体験することができます。

通常、メガネ選びは、メガネのレンズの形やフレームの機能や色など、メガネ単体で選びます。しかし、『Zoffスタッフコレクション』の写真からは、ファッションとの組み合わせや、かけたときの雰囲気などから選ぶことができます。そのため、パラパラと写真を選んでいるうちに、今まで選んだことのないような色や形にチャレンジしたくなる気持ちがわいてきます。それはまさに、セレンディピティの「欲しかったものを言いあててくれる感じ」です。

リアリティを追求した試着体験で、利用者のコンバージョンは5倍に

そのようなチャレンジしたいメガネが見つかったとしても、本当に自分の顔と合うか確かめるにはリアルな試着が重要です。『Zoff EASee』の試着はLIVEモード、ビデオモード、写真モードから選択でき、中でも、一番使われているのはLIVE機能です。瞳孔間の距離を自動計測できる機能が備わっているため、自分の顔の動きに合わせてメガネをフィッティングでき、リアルな試着体験が動画で確認できます。

まるで、店頭でメガネを試着していろいろな角度から見ているようです。その結果、利用者のコンバージョンは、利用していない人と比べて5倍を達成しています（※2024年5月からの3カ月、オンライン上での全商品の売上累計と「Zoff EASee」利用者のEC売上比較）。

正確に顔のサイズを寸法することで、オンラインで簡単にメガネを試着できるサービス。
(画像提供:インターメスティック)

他にも面白い傾向がふたつありました。ひとつが、メガネの王道の形以外も売れているということです。もうひとつの傾向が、「カラーレンズ」や「調光レンズ」を選択する人も徐々に増えてきているそうです。Zoffは50種類以上の豊富なカラーレンズを展開していて、サングラス市場を盛り上げるために注力しています。カラーレンズは実際の色味を見てみないと決心がつかなさそうですが、『Zoff EASee』上で、顔にかけたときの、リアルな色味が再現できているため、購入に至る人が増えています。

このように、『Zoffスタッフコレクション』でEC上でのセレンディピティな出会いを体験でき、気になった商品を実際に試着体験できる機能が『Zoff EASee』です。

「いいモノありそう」という期待感が滞在時間を長くする

買物客がセレンディピティな出会いをするには、「果報は寝て待て」ではなく、商品を探すという具体的な行動をして、出会い自体に自分で気付き、新しい提案を受け入れるという気持ちが大事になります。

そのために企業側としては、具体的に商品を探したいと思ってもらうための仕掛けが重要です。

そのヒントは、**「滞在時間を長くする」**ことです。

購入したい商品が決まっていて、その目的を達成するだけではセレンディピティは生まれません。「何かいいモノがないかな？」と期待感を持ってお店の中を見て回るうちに、欲しいと思える商品に出会う。普段選ばないものに特別に買う理由が見つかったり、偶発的に興味のあるものが見つかるのです。

そのような出会いのために、「滞在時間を長くする」仕掛けは重要です。その仕掛けで広がっているのは、本屋に併設されているカフェです。おいしいコーヒーを飲みながら、本をじっくり選ぶ時間が増えれば、「買いたい」と思う本が見つかる可能性も高まります。自分が買おうと思っていた本を読んでいるうちに、新たな興味が生まれて、他の本も物色して、予定していなかった本を買ってしまった経験を持つ人は多いと思います。

滞在時間を長くする、他の仕掛けは「テスター」の設置です。

化粧品売場では、スキンケアやメイク用品に実際に触れて試せるテスターが設置されています。ヘアケア用品や洗濯用洗剤、柔軟剤の売場では、香りを確かめられるテスターもよく見かけます。

中には、多種類のトイレットペーパーを並べ、触り心地や香りを比較できる売場もあります。実際に手に取って品質を確かめられるため、いつもの商品よりも触り心地の良い、少し高価なものを選びたくなることも。

また、一度に多くのトイレットペーパーを試せる機会は珍しく、商品選びの楽しさにもつながります。商品を見ているだけでは文字の情報だけなので、一瞬で判断されてしまいます。一方で、自分の手で触ってみたり、においをかいでみたり、より能動的な行動を促すことができると滞在時間は長くなるのです。

商品に興味を持ってから、試したくなるという、流れで考えがちですが、意外と生活者はいろいろと試しているうちに、この商品に興味を持ったと、逆のパターンもありえます。

まずは、生活者の具体的な行動を促して、その売り場に長く滞在してもらうための仕掛けを考えてみましょう。

まとめ

- セレンディピティは、「潜在的に欲しかった物に出会って、買いたくなる」こと。
- POPなどで商品を紹介するとき、どんなシチュエーションに向くかといった、具体例を提示することで、新たな選択が生まれる。
- ECサイトでは技術を活用して、より多くのアイテムと出会える動線、スピードアップが可能となり、出会いのチャンスが増える。
- リアルでもデジタルでもセレンディピティが増えることで、買物の楽しさが増していく。
- 「滞在時間」を伸ばす仕掛けがセレンディピティな出会いを生み出す確率を上げる。

14

みんなが買っているから間違いない
人気感

定義

「買物時にトレンドや定番を押さえたいと思う」ツボ。人気や評価が高いと「買ってもいい」と納得できるため、リーズン＆ブーストに位置付けられる。多くの人々に選ばれていることが〝安心感〟を生み、購入の判断基準となる。トレンドや定番を押さえておけば失敗しないだろう、という考えが背景にある。

相性の良いカテゴリー

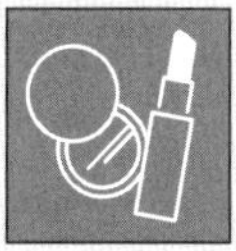

美容関連・化粧品

コンビニエンスストア

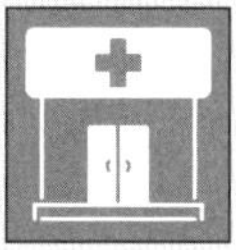

ドラッグストア

高評価の口コミや行列が見えると安心して買える

「人気感」を感じて買いたくなる瞬間には、次のふたつがあります。

①商品の評価や人気の高さがわかる
②定番やトレンドであることがわかる

まずは**①商品の評価や人気の高さがわかる、**についてです。商品や飲食店などを選ぶときに、レビューや高評価、ランキング、口コミなどを参考にするのが当たり前になってきました。多くの人から支持されているかどうか、あるいはマイナス面がないかを事前に確認し、高評価だと安心して購入に踏み切れるということは、誰もが経験したことでしょう。

特に、膨大な選択肢の中から「何を買うか」を決める際、評価や口コミは重要な判断材料となり得ます。口コミや高評価を得た商品を買い、実際に買ってやっぱり良かったとさらに高評価をする。そのように、人気がさらに人気を呼ぶというサイクルが生まれやすい要素です。

また「行列ができている」「目の前で飛ぶように売れている」といった、他の多くの人が商品を購入している姿を見ることで、欲求が刺激されることがあります。

例えば、アーティストのライブでグッズ販売のコーナーに立ち寄った際、その場のファンの熱気や勢いに圧倒されて、買うつもりがなかったグッズまで買ってしまったり、ラーメン屋に行列ができているのを見て「きっとおいしい店なのだ」と感じて行列に並ぶ、といった行動が想像しやすい光景でしょう。

多くの人々が集まる光景や行列など視覚的な情報は、商品の人気を直感的に伝え、購買意欲を高めるきっかけとなります。また、多くの人が購入する姿を目の当たりにすることによって、「この商品は他の人にも選ばれている」という確信を持ちやすくなり、安心感を持って購入する後押しになるのです。

不動の定番はセット化で選びやすく最新トレンドも意識する

続いて②**定番やトレンドであることがわかる**、です。定番がセットになっている商品や、エントリーモデルと呼ばれる初心者向けのパッケージが「売れ筋」になることがよくあります。

特定の商品やブランドの定番アイテムが組み合わせて提供されることは、まずはこれを押さえておけば大丈夫、という信頼感や選択への安心感を持たせてくれます。特に初めてそのブランドに触れる人や、過去にそのカテゴリーの商品を買ったことがない初心者にとって、定番アイテムのセットは安心して購入しやすい選択肢です。

また、定番のセット販売は、選択に迷うことなく購入できることから物理的・精神的な負担を軽減し、買物体験そのものをスムーズにします。(20のツボの中では「フリクションレス」に関連します)。

選択肢が多すぎると購買意欲が低下する現象を**「選択のパラドックス」**と言います。選択肢がありすぎると、どれを買うべきか迷って買物の時間が長くなるだけでなく、購入した後に「もっと良い選択ができたのでは?」と不安や不満を生じさせるのです。

その点、セット販売ではすでに複数の商品が一組になっているため、選択肢が減り、迷うことなくまとめて購入できるので、「選択のパラドックス」を回避することができます。そしてすでにそのブランドを何度も購入したことのある人にとっても、一度に手に入る効率の良さが魅力となり、購買意欲を高める理由となるでしょう。

一方、定番の組み合わせをセットにすることは、信頼感や安心感を与えると同時に、迷わずに選べる、という選択への負担を軽減する効果があるのです。

定番と同様に、最新のトレンドを意識することも重要です。トレンドを反映した商品は、その時代に合わせたスタイルや価値観を映し出しており、自分らしさを発信する手段にもなります。

SNSがトレンドを可視化し、広く共有される現代では、トレンドを反映した商品を通じて、自分の思想や価値観を表現し、一種のアイデンティティにもつながっていると考えられます。

社会心理学ではまた、自分の考えに自信が持てないときには多数派の他人の考えに意思決定を委ねることを、「社会的証明の原理（Social Proof）」と言いますが、トレンドをとらえることはある意味、失敗のない選択をする行為だとも言えるでしょう。

今の時代を象徴する商品を通じて自己表現をすると同時に、安心感や一体感を得られることが特徴です。

成功事例

特定非営利活動法人 本屋大賞実行委員会『本屋大賞』

書店員の投票で選ばれた「今読むべき良書」のお墨付き

『本屋大賞』は、書店員が「面白かった」「お客様にも薦めたい」「自分の店で売りたい」と感じた本に投票し、選ばれる賞です。特徴は、商品である本と顧客である読者を最も知る立場にいる書店員によって投票され、選ばれた作品であること。

普段あまり本を読まない人にとっても親しみやすい作品や、共感を得られやすい作品が多くノミネートされています。芥川賞や直木賞に比類する認知度がある文学賞で、受賞作品の中にはミリオンセラーを達成するものも少なくありません。『本屋大賞』を受賞したことで映像化のきっかけになることもあります。

『本屋大賞』は、読者の「商品の評価や人気の高さが知りたい」という気持ちに寄り添っています。普段読書をしなくても、流行の良書を読んでおきたいと感じる方は多いでしょう。しかし、書店の販売ランキングを見ても、その本の内容が本当に良いものか確信を

2004年に創設された本屋大賞は大きな文学賞として定着
（画像提供：本屋大賞実行委員会）

持てず、購入には至らないことがあります。「今読むべき〝良書〟が知りたい」という需要に応えるため、『本屋大賞』は選考者を書店員としています。

書店員は、売り場での接客を通じて、どのような属性の人がどのような本を求めているかを把握しており、売れ筋だけでなく良い内容の本を選ぶ審美眼を持っています。本と顧客の両方を最も良く理解している書店員の推薦であるため、その情報は信頼でき、購買意欲を高めます。

また、２００４年から継続されている長年の取り組みは、文学賞としての信頼感を高めています。『本屋大賞』に選ばれる本は、その年を象徴する良書というイメージが形成されています。『本屋大賞』が成功している理由は、書店員の「この作品はぜひおすすめしたい！」という熱意、全国の書店員の投票によって選ばれたという根拠のある人気、そして２００４年から毎年継続されている信頼感によるものです。

多くの人に選ばれている事実を強調する

人気感のツボを効果的に刺激する方法、コツをふたつ紹介します。

まず、**「いつ・どこで・誰に人気かを示す」**です。情報の切り口を工夫することで、「人気感」の演出効果を高めることができます。まずは、期間の区切り方を考えてみます。トレンドをとらえた今の人気なのか、長年選ばれ続ける人気なのか、期間の切り取り方ひとつで、全く意味合いが異なる「人気感」を演出できます。

トレンド感を伝える場合は具体的な時間帯や季節を強調することで、消費者はその商品が今この瞬間に流行していることを実感しやすくなります。「今年の夏、10万人に選ばれたヒット商品」といった切り口でのアピールが効果的です。一方、定番感を伝える場合は「10年連続ナンバーワン」といった表現になるでしょう。商品やブランドが持つ資産に合わせてトレンド感を伝えるか、定番感を伝えるか、訴求方法を検討する必要があります。

次に、どこで人気かという切り口を考えてみます。これは場所や決められたカテゴリー内でどれだけ人気なのかを表す方法です。表現として「東京駅のおみやげ人気ランキング1位」「惣菜コーナー人気商品TOP3」などが挙げられます。また、実店舗の売場において、オンライン上での注目度を発信することも有効です。「SNSで話題の○○」や「ネットで完売続出」という表現を使うと、注目が集まる人気商品であることを演出できます

最後に誰に選ばれた商品なのかという切り口で価値を強化する方法です。その業界の専門家や愛好家が選んだ実績を示すことで、人気感を伝えることができます。例えば、「プロ御用達」「有名シェフが絶賛した○○」などが表現の例になります。

さらに、特定の世代や属性の人々に人気の商品であることを伝えることで、「自分の考えや価値観に近い人が評価している商品なら間違いないだろう」という確信を得ることができます。「アラサー乾燥肌に選ばれたスキンケア商品」という形で、誰に人気の商品かを明確に伝えることが重要です。

次に**「需要の可視化」**です。行列や待ち時間の長さ、直近一時間での購入者数、在庫の数量表示など、多くの人がその商品を求めていることがわかると「人気感」を実感することができます。無意識に人気感を伝える方法もあります。

陳列棚に左右方向に並べられた同一商品の数をフェース数と言いますが、フェース数を

多くすることでも「人気感」を演出することができます。例えば、陳列棚の中で、特定のメーカーやブランドが占有する面積が大きければ大きいほど、メーカー名やブランド名を認知する機会が増えて記憶に残りやすく、多くの人に選ばれる人気な商品だとイメージを持たれやすいのです。

まとめ

- 人気感のツボは「買物時にトレンドや定番を押さえたいと思う感覚」に関連する。
- 人気や評価が高いと「買ってもいい」と納得できるため、リーズン&ブーストに位置付けられる。
- 流行感、定番感、買う人の存在を伝えることで買いたい気持ちを盛り上げることができる。
- 人気感を刺激する企画を作成するためのヒントは、「期間・場所・誰・どの観点での人気かを示す」「需要の可視化」。

第 3 章

“買いたい”を“維持”する3つのツボ

『LOVE & KEEP』

15

気軽に無理なく買えるのがありがたい

マイペース

定義

「制約がなく、自分の思い通りに買物ができる」ツボ。ラブ&キープに位置付けられる。「お金」や「時間」など制約を感じずに買物ができると、より楽しむことができるラブの要素に加えて、買物で好き嫌いが分かれる「接客」などの距離感が適切で、自分のペースを保つことができて、買いたい気持ちを下げないキープの要素の両方が組み合わさっている。

相性の良いカテゴリー

食品・飲料

日用品・トイレタリー

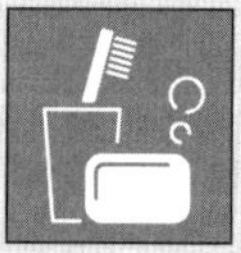

美容関連・化粧品

買物につきまとう重苦しさを解放する

「マイペース」を感じて買いたくなる瞬間には、次のふたつがあります。

①制約を感じず、楽しめそう
②自分のペースで買物できそう

それぞれ見ていきましょう。

まずは**①制約を感じず、楽しめそう、**についてです。買物において、どんなことが制約になるのでしょうか。買物に限らず、私たちが日々何かをしようとすると、必ずついてまわるふたつの制約が「お金」と「時間」です。

「コスパ」とタイパと言われるように、投資するお金と時間に対して得られる対価が、厳しく判断されるようになってきました。

物価高騰により、市場価格が全体的に上がっており、少しでも節約したいというニーズが高まってきています。

１００円ショップ、せんべろ（１０００円でベロベロに酔えるという酒場などの俗称）などのように、価格を明確に提示して、価格の期待以上の価値を提供するお店が人気です。

一方、家具、家電、自動車など耐久財のレンタルサービスを提供する企業も増えています。生活者にとっては、初期費用を抑えて気軽に利用できるのがメリットです。

また、博報堂買物研究所の調査では、買物にかける時間は減少傾向にあることがわかっています。こうした傾向は、働く女性が増えていることが関係していると考えられます。時間をかけずにパッと選びたい、あるいは自分のタイミングでタイムリーに買物をしたいというニーズが高まっているのです。

・時と場所を選ばずに買物ができるＥＣ
・オンラインで購入した商品を実店舗で受け取ることができるBOPISサービス（Buy Online Pick-up In-Store）
・事前予約や、追加料金を支払うことで行列に並ばずに済むファストパス

など、テクノロジーの進化を背景とした時短サービスが登場し、多くの人が利用しています。

好みが分かれる「接客」と「ターゲット」

次に、**②自分のペースで買物できそう、**には、どんなものがあるでしょうか。「自分のペース」を崩される要因を考えてみるとわかりやすいでしょう。例えば、買物体験において好き嫌いが分かれるものに、「接客」があります。接客には、迷っているとき、アドバイスが欲しいときに相談できるメリットがある一方で、売り込まれるのではないかとプレッシャーに感じる場合もあります。

それを解消したわかりやすい事例が化粧品です。カウンセリングを受けながら商品を選びたい人は百貨店や美容部員がいる店舗、自分だけで選びたい人はドラッグストアと販売チャネルを選べます。また、相談はしたいが、自分のタイミングで話しかけたいというニーズに対応するため、店員さんがその場にいなくても、オンラインカウンセリングで相談できるコーナーを設置している実店舗もあります。

「接客」同様に好みが分かれるのが「支払い方法」です。最近、スーパーのレジの種類が増えたのにお気付きでしょう。今までは従業員がバーコードをスキャンする「有人レジ」が主流でしたが、最近では自分でスキャンする「セルフレジ」が拡大しています。私がよく行くスーパーでも、有人レジよりセルフレジが多くなっています。導入当初は、戸惑う利用者が見られましたが、3～4カ月もすると慣れてきました。今では、買物の量やレジの空き具合など状況に応じて好みのレジを選んで会計するようになっています。

さらに、カメラやセンサー、AI（人工知能）などテクノロジーの進化により、レジや決済行為自体をなくしてしまう「レジなし店舗」も徐々に広がってきています。逆に、ゆっくりと自分のペースで会計ができ、従業員が丁寧に対応する「スローレジ」の導入を進め、高齢者や幼い子連れの利用者に好評を得ている店もあります。

自分のペースに合わせて支払い方法が選べると、買物にまつわるちょっとしたストレスがなくなります。快適さが向上し、そのお店を利用する理由になるのです。

お店でゆっくり選びたい人、さっと用事をすませたい人。支払い方法以外にも自分のペースで「利用方法」を選べるようにする工夫はありそうです。

成功事例

RIZAP株式会社『チョコザップ』
究極レベルまで気軽さを追求したコンビニジム

『チョコザップ』は、パーソナルジムのライザップが新たに2022年7月にオープンさせた、24時間通い放題の「コンビニジム」です。月額3278円（税込）で24時間365日いつでも通うことが可能です。

チョコザップはマイペースのポイントである「料金」「時間」「接客」「利用方法」のすべてを、既存の会員制ジムの常識から覆すことで、ジムの世界でのゲームチェンジャー的な存在として、爆速で成長を遂げています。なぜ常識を覆したのか。その理由は、コロナの影響でフィットネスジムが営業停止せざるを得ない状況になり、それをふまえた新業態開発だったからです。

通常の会員制ジムの月額料金は5000円〜1万円が平均的です。そこを大幅に下げた驚きの価格設定をしています。この金額に決まった背景には、たくさんのABテストを繰

「ちょこっと」という指のサインが特徴的なロゴ（画像提供：RIZAP）

り返した試行錯誤があります。例えば、もう少し高めの金額はもちろん、30分利用につき○○円のような従量課金まで検討したといいます。

その結果、「行けない日が増えても損しないから入っておこう」という心理になる現在の価格を採用しました。いつでも好きなときに行けることを大事にした新業態のサービス指針があります。

仕事前や仕事後に通いやすいように、24時間営業のジムというのも増えてきました。

さらに365日営業ならなお便利です。チョコザップはそれだけではなく、出店場所にもこだわっています。

ジムの通いやすさでいうと駅前のビルなどの一等地が選ばれがちですが、チョコザップは生活圏内での出店も行っています。コロナで出社が減り、駅の活用が減る中で、地価の高い駅前だけではなく、家から歩いて数分で行ける生活圏内の出店により、ジムが身近なものになりました。

生活圏に出店するチョコザップはまさに「コンビニジム」（画像提供：RIZAP）

ライザップは対面でのマンツーマン接客を得意としていますが、コロナで人と人とが近づけない中で、チョコザップでは接客無しの無人店舗を採用しました。

その代わりに、店舗にAIカメラを多数取り付け、常に状況を確認した上で店舗運営を行っています。その中で、面白い発見もあったと言います。ライザップの経験から、痩せやすい体を作るには筋肉を増やす筋トレが大事なので、筋トレマシンを多くおいていました。

しかし、AIカメラによる分析では、有酸素運動の方が人気で待ち時間が発生していました。そのため現在では有酸素運動の台数を増やしたのだそうです。

無人店舗ですがAIカメラというテクノロ

手前に並ぶのが人気のランニングマシン(画像提供:RIZAP)

ジーを駆使して、客が使いやすい店舗のために日々アップデートしています。

チョコザップは、運動初心者でもジム通いを続けやすくするために、徹底的に初心者の気持ちに寄り添っています。そのため、着替えが必要なく、着の身着のままで運動が可能という斬新な利用方法を打ち出しました。

実際、スーツ姿や私服のまま軽く運動する人の方が多いそうです。ジムに行くときの靴や着替えを準備する億劫さをなくし、着替える手間もなくし、手軽さを実現しました。

チョコザップのマイペースさは、「料金」「時間」「接客」「利用方法」という前述の4つだけではありません。ジムの運動や健康的な価値だけでなく、それ以外のサービスを多角的に提供することで、ジム＝運動する場所という概念を大きく変化させています。

例えば提供しているサービスの一例が、セルフエステ、カラオケ、ランドリー、マッサージチェアなどです。

カラオケで遊んだり、エステで癒やされたり、ランドリーで洗濯をしたりといった運動以外のリフレッシュが来店のきっかけになります。その結果、周りに運動する人がいるとスイッチが入り、洗濯の待ち時間などに少し運動をして行くという流れになるそうです。

まずは、どんな理由でも来てもらうことを重視し、楽しく続けられるサービス設計をしています。

「めんどくさいモーメント」と「発想の逆転」で自分のペースを作りやすく

では、実際に「マイペース」のツボを刺激する方法をふたつ紹介します。

ひとつは、**「めんどくさいモーメント」**の発見です。改善点や課題と大きくとらえると、根本的な問題を突きつけられることも多く、一朝一夕には解決できないことが多いです。一方で、めんどくさいモーメントという考え方であれば、日々のちょっとした自分のペースを崩されることの発見につながります。以下のような例が挙げられます。

・価格：価格を比較するのがめんどくさいから均一価格のショップで購入

・支払い方法：有人レジに並ぶのがめんどくさいから、セルフレジを活用

チョコザップの「運動着や運動靴に着替えなくても良い」というのも、めんどくさいモーメントをとらえた、サービスの拡大です。このめんどくさいモーメントを解決する施策はその積み重ねによって、お客様の買いやすさにつながっていきます。

ふたつ目は、**「発想の転換」**です。特に生活習慣のような、何が正しいかわかっていてもなかなかできないことに言える考え方です。「〇〇しなきゃいけない」「〇〇はダメ」といった発想では制約を取り除けないので、長続きしません。「無理のない範囲で自由に〇〇していい」といった気軽な動機をつくるのが重要です。

チョコザップの例も挙げられますが、「最高の環境で運動しよう」ではなく、「セルフエステのついでに運動ができる」という動機づけで、自分のペースやりたいことに合わせて自由に利用できる気軽さを提供しています。そうすることで選ばれやすく、リピートされやすくなります。

まとめ

- マイペースのツボは、「制約がなく、自分の思い通りに買物ができる」こと。
- 制約を感じる二大要素は「お金」と「時間」。また、自分のペースを保つためには好き嫌いが分かれる「接客」や自分が使いやすい「決済方法（利用方法）」などがある。
- マイペースを刺激するには、「めんどくさいモーメント」と「発想の逆転」で自分のペースを作りやすく。

16

イライラがないだけで買物が楽しくなる

フリクションレス

定義

「買物時に精神的・物理的な労力や負担が少ないと、買っても良いと思える」ツボ。買物をする際のストレスが多いと買いたい気持ちがなくなることから、ラブ&キープに位置付けられる。フリクション（摩擦・衝突）がなく、シンプルでスムーズな買物体験を提供することで、購入意欲を自然に引き出す。

相性の良いカテゴリー

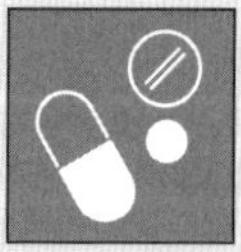
医薬品・サプリメント

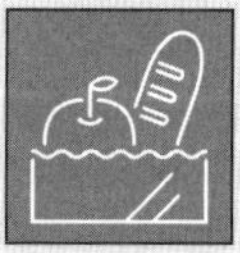
食品・飲料

ECサイト（通販サイト）

知りたい情報がわかりやすいと買いやすい

「フリクションレス」を感じて買いたくなる瞬間には、次の3つの要素があります。

①知りたいことがすぐわかる
②買物にかかる時間と労力が少ない
③商品選びや決済の負担が少ない

それぞれ説明します。

まずは**①知りたいことがすぐわかる**、についてです。

私たちが商品を「欲しい」と感じてから購入を決断するまでには、価格、機能、サイズ、素材、保証内容など、様々な情報が必要です。これらの情報が明確でわかりやすいほど、検討時間が短縮され、結果的に購入のハードルが下がります。「必要な情報が揃っている状態」なら、精神的な負担も軽くなるからです。

そのため、情報を一目で把握できるデザインや、直感的に選択できるインターフェースも重要となってきます。また、説明はシンプルでわかりやすくあるべきです。複雑な説明や専門用語が多いと、ストレスを感じて購入を諦める原因になるからです。

製品の特徴やメリットを簡潔な言葉で伝え、図や写真を活用した視覚的な説明を取り入れることで、購入の決断をスムーズに促すことができます。

なるべく楽に短時間で買いたい

次は②**買物にかかる時間と労力が少ない**、についてです。生活者が買物でフリクションを感じる対象は主に「時間」と「労力」です。特に日々忙しい生活を送る人々は、「時間」と「労力」のかからない効率的な買物ができると買物の満足感が高まります。

食料品、日用品、衣料品が一度に揃う大型スーパーマーケットや、ショッピングモールに人が集まるのも、買物を一度に済ませて「時間」と「労力」を減らしたいという気持ちが根底にあるからです。

近年注目される店舗業態のひとつにBOPIS（Buy Online, Pick up in Store）があります。これは消費者がオンラインで商品を購入した後、地元の店舗で商品を受け取ることができるサービスです。「商品を探す手間が省ける」「短時間で商品を受け取ることができる」「オンラインで在庫を確認できる」といったフリクションレスな買物ができることから、採用する企業も現れています。

AI、VR、多彩な決済……最新技術でストレスフリー

最後は**③商品選びや決済の負担が少ない**、についてです。

以前は難しいと感じていたハードルが、テクノロジーやサービスの工夫などによってクリアされると、一気に買物へのストレスが減り、購買意欲が向上することがあります。

例えば、サイズやデザインの選択が面倒だったファッションアイテムの購入において、AIが個々の好みや過去の購入データをもとにおすすめの商品を提示するシステムがあれば、それを参考に選ぶことができるでしょう。

また、インテリア商品を仮想空間で配置したりイメージを確認したりできるVR技術があれば、安心して購入を決断できます。こうしたサービスは購入への不安を取り除き、満

足度の高い買物を実現します。

好みの支払い方法でスムーズに決済できることも、フリクションレスな買物体験を提供するために大切な要素です。クレジットカードや電子マネー、モバイル決済、後払いなど、様々な支払い方法がある中で、購入者は自身に合った方法を選べることを無意識に期待しています。現金しか使えないお店で、やむなく購入を取りやめたという経験がある方もいるのではないでしょうか。

ワンタッチでの支払いが可能であれば、よりストレスのない買物体験につながります。財布を出さずにスマートフォンだけで決済ができる電子マネーが普及しているのも、フリクションレスが大きな要因です。このように、スムーズに決済できる環境は、購入へのハードルを下げ、買物体験全体の満足度を高めることにつながります。

成功事例

株式会社大創産業『DAISOアプリ』
商品は100円でもストレスのない買物に妥協なし！

「フリクションレス」の成功事例として、ダイソーの『DAISOアプリ』を紹介します。

皆さんも「何店舗も回ったのに、購入したい商品を見つけることができなかった」という経験をしたことが、一度や二度はあるのではないでしょうか？

そんな悩みを解決するために、2024年に導入されたのが『DAISOアプリ』です。

このアプリはダイソーが展開する3ブランド『DAISO』『Standard Products』『THREEPPY』の在庫情報を簡単に確認できるサービスです。「探している商品が最寄りの店舗にあるか」を手軽にチェックできます。

例えばSNSで話題になった商品が気になったときも、一瞬で在庫状況を確認することができるのです。欲しい商品を置いてある店舗がピンポイントでわかるため、無駄足を踏むことなく、買物にかける時間や労力が大幅に軽減されました。

欲しい商品の在庫状況が一瞬でわかると評判に(画像提供:大創産業)

アプリ開発の背景には、ダイソーが取り扱う商品数の多さもありました。ダイソーが取り扱う商品は約7万点と多く、店舗規模ごとに陳列する商品は異なります。そのため、購入したい商品があったとしても、最寄り店に取り扱いがないことや、SNSで人気に火がつき在庫切れになることがたびたび起きていたのです。

アプリが公開される以前は、店内で在庫を確認する方法は店舗スタッフに聞く以外になく、忙しそうなスタッフに声をかけることは、生活者にとって心理的なハードルが高い状態でした。

一方で店舗スタッフ側も在庫の問い合わせが多く、接客サービスの質の低下につながりかねない状況だったといいます。在庫検索機能を搭載したアプリは、そんな状況を改善するために開発されたのです。公開したアプリの反響は大きく、ダウンロード数は300万件を超えています。

「行く前に在庫がわかる」「自分のタイミングで調べられる」と評価する生活者からの声が多く見られ、さらに在庫の問い合わせやクレーム数が減少するなど、店舗スタッフの業務効率改善にもつながっています。

アプリの利用者は若年層の割合が多く、検索されることの多い商品は、キャラクターグッズや防災関連、イベント関連が多くなっています。

簡単に付近の店を調べることも可能
（画像提供：大創産業）

開発者の話では「誰でもすぐに使えるように、メールアドレスやパスワードの登録なく利用開始できる形にしています。また複雑なサービスを提供するのではなく、検索スピードや応答速度を重視した」とのことで、開発段階からフリクションレスな体験を意識していたことがわかりました。

時間、労力、アクセシビリティ イライラのもとを見直す

生活者の立場に立って商品や売場を見直して、ストレスのない買物体験ができるか検証してみましょう。

・レジ待ちや商品がどこに置いてあるか
・探す手間
・商品の取り扱い有無の確認

店舗での買物であれば、ストレスを感じる対象を見つけて、改善策を検討することが効果的です。

レジ待ちのストレスをなくすためには、以下の対応が考えられます。

・セルフレジ導入で対応人数を増やす

・少量の買物専用レジを設ける

ECの買物であれば、ページが表示されるまで待機する時間や購入時に入力必須の内容が多すぎることなどがストレスになります。このようなストレスをなくすために、ページ構成の見直しや入力を補助するシステムを導入するなど、地道な改善を積み重ねて、買いたい気持ちを維持する工夫が必要です。

また、**高齢者の買物のストレスを減らすことも重要です。**厚生労働省によると2040年には65歳以上の人口が全人口の約35%となると推計されています。高齢の生活者がストレスなく、買物ができる環境を今後整えることが求められるでしょう。

高齢者が買物で感じるストレスの例として、文字が見えにくい、高い位置の商品が手に取れない、重い物が持てない、セルフレジの使い方がわからないなど、様々な問題に直面しています。

このようなストレスを減らすために、店内表示や商品パッケージなど必要な情報を大きく読みやすいフォントで表記する、休憩スペースを提供する、商品配置を見直し、商品に手が届きやすいようにする、製品や容器の形状や重量を見直し、持ち運びしやすくするといった対策が今後必要になると考えられます。

また、買物中に**「商品がどこにあるかわからない」**というストレスを感じることも少なくありません。これを解消するためには、カテゴリーごとに色やアイコンを使った分かりやすい案内表示を設置したり、アプリで商品の棚の位置を検索できる仕組みを導入したりすることが有効です。

まとめ

- フリクションレスのツボは「買物時に精神的・物理的な労力や負担が少ないと、買っても良いと思える性質」。
- 買物のストレスが多いと買う気持ちがなくなるため、ラブ＆キープに位置付けられる。
- スムーズ、シンプルな効率的な買物ができると買いたい気持ちを維持できる。
- フリクションレスを刺激する企画を作成するためのヒントは、「イライラのもとを見直す」。

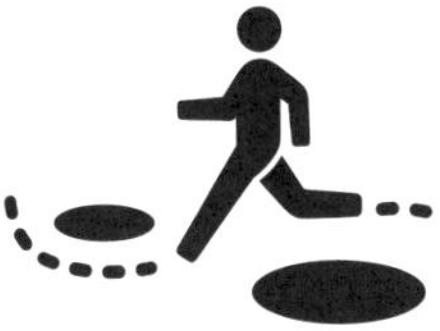

17

損失回避

損しないからこそ、前向きに買える！

定義

「買物で失敗や損をしたくない気持ちをケアする」ツボ。ラブ&キープに位置づけられる。昨今は簡単に評判を調べられるため「これを買って正解か？」が気になる。行動経済学でも、手に入れるよりも損をしないことを過大評価するという実験結果がある。質・量・値段で「損しない」ことが保証されていると、買いたい気持ちが萎えずにすむ。

相性の良いカテゴリー

ECサイト（通販サイト）

趣味に関する商品（書籍／音楽／映像・動画など）

家電・電化製品

食品・飲料

絶対に避けたい
この品質、「思ってたのと違う」

「損失回避」ができて買いたくなる瞬間とは次の3つです。

①品質で損していないと思える
②買う量やサイズで失敗しない
③お得なタイミングで選べた

それぞれについて解説していきます。

まずは、**①品質で損していないと思える、**についてです。

「今の生活者にとっての良い買物とは、ネガティブがなく期待値に対して納得できること」というのは、大手小売流通企業のバイヤーの言葉です。では、品質で期待外れになってしまうのはどんなときでしょうか。

例えばＥＣ通販やフリマアプリでは、口コミを調べたり、出品者に直接質問したりして、ある程度は品質の確認もできますが、いざ届いてみると新品なのに傷があるとか、衣類にほつれがあるといったことはよくあることです。実店舗でよく見て、気に入って買った商品でも、その後にSNS上でネガティブな情報に触れると、自分の買物を否定されたような気分になる――そんな体験をした人もいると思います。なんでも調べられて便利な時代ですが、オンライン、リアル店舗問わずに品質で失敗するリスクはまだまだあるのです。

生活者が「品質で損していないと思える」のはどんなときでしょうか。ひとつは「ネガティブ要素が事前に織り込み済み」のときです。なぜ安いのか、どの部分でコストを削っているのか。あるいは逆になぜ高いのかがオープンになっていると、失敗するリスクを減らすことができます。「品質の損」は、想定と違うために生じるギャップが問題なのであり、はじめからわかっていればそれを許容するかどうかの話です。ですから、あえて辛口のレビューを中心に見て、購入の判断をしている生活者も少なくありません。

近年のレトロブームも「損失回避」の一種と言えます。昭和の音楽や、純喫茶、銭湯、Y2K（1990年代後半～2000年代に流行ったファッション）などが、Z世代（1990年代後半～2010年生まれ）の間で人気になり、レトロブームと言われています。

一般的には「可愛い」「インスタ映え」といった見た目の新鮮さ、「エモさ」という表現しがたい感情の揺さぶりが主要因とされています。ただ、それだけではなく、「過去の流行」という実績が、古典としての本質的な良さや、確かな価値の保証として働いていることも見逃せません。Z世代にとってのレトロは、奇抜な冒険でありながらも、失敗のない選択でもあるのです。

これって本当にお買い得？ デカすぎ問題、多すぎ問題を回避したい

次に、食品や消耗品でよくある②**買う量やサイズで失敗しない**、を説明します。

これまでの常識では、「大容量パック＝お買い得」でしたが、最近では事情が変化してきました。食べきれずに腐らせてしまえば損ですし、腐らないものでも使い切れないほど買ってしまうのも損です。

こうした「多すぎて失敗」を避けるのに有効なのが「小分けパック」です。小分けパックは、余らせずに使い切れるというメリットに加えて、毎回新鮮な状態を楽しめるという価値があります。

また、新しい商品を試してみたいときにも小分けパックは便利です。

国立社会保障・人口問題研究所発表の「令和6年 日本の世帯数の将来推計（全国推計）」によると、単身世帯の数は2025年予測で4割を占めます。その後も15年程度は単身世帯数の割合が増え続けますので、今後も小分けパックの需要は高まっていくでしょう。

欲しいときに買うか 安くなるのを待って買うか

③お得なタイミングを選べた、という感覚も、買物マインドを継続させるには重要です。

私自身も購入後にセールが始まったり、ネット上で値引き広告を目にして「もっと安く買えたのに」と後悔した経験が何度もあります。また、今はインターネットで簡単に価格を調べられるようになったため、買うタイミングによって後から損得がわかってしまう機会も増えました。

「買うタイミングで損をしない」と感じるのはどんなときでしょうか。お得なタイミングを自分で決められることがひとつのカギです。

割引セールは、小売店側が対象商品と割引率を決めるのが普通ですが、まったく違うやり方で成功しているケースもあります。ある海外リテールの事例ですが、買物客が自分の好きな商品に「20％オフ」のステッカーを貼れるという施策で、店全体の売上をアップさせました。買物客自身が「今何を安くするか？」を考え、決定するプロセスがあることで、得をする感覚が強まります。小売店が決めた欲しくない商品の２００円引きより、今自分が欲しい商品の１００円引きの方が買物客には価値があるのです。

レンタルＤＶＤショップの旧作の値下げワゴンもお得なタイミングを決めることのできる一例です。「今週は全品一律１０００円、来週は８００円、最終週は半額！」という逆オークションは、売り切れのリスクと背中合わせですが、自分でお買い得なタイミングを決められます。

成功事例

日清食品株式会社『完全メシ』

あの日清食品だから栄養バランスだけでなく味も間違いない！

日清食品株式会社が販売する『完全メシ』は、日本人の食事摂取基準で設定された33種類の栄養素とおいしさのバランスを追求したブランドです。日清食品の最新フードテクノロジーを駆使することで、たんぱく質、脂質、炭水化物の三大栄養素のほか、ビタミン、ミネラル、必須脂肪酸もバランスよく整え、さらに、栄養素独特の苦みやエグみを抑えて、普段の食事と変わらないおいしさを実現しています。レンジでチンしたり、お湯を注いだりと、作り方も非常に簡単です。

個人レベルではコントロールするのが難しい栄養素のバランスが整えられ、おいしさも兼ね備えているという点で非常に新奇性が高く、2022年5月末の登場から既に累計3600万食（2024年12月31日時点）を超えるスマッシュヒットを記録しています。

当初はカップ麺などの常温商品から販売が始まりましたが、現在ではラインアップが拡がり、オンラインストアで注文すると自宅に届く冷凍食品の『冷凍完全メシ DELI』

なども展開されています。さらに、２０２４年には、オフィスで『冷凍 完全メシＤＥＬＩ』がいつでも購入できる常設タイプのスタンド型社食『完全メシスタンド』や、女性に向けて開発された忙しい朝にぴったりの『冷凍 完全メシ ＤＥＬＩ おにぎり』など、商品カテゴリーが更に拡張しています。

特に、全国のスーパーに並ぶ常温の『完全メシ』は損失回避のツボの中の「品質で間違いないものを選びたい」という生活者の気持ちを押さえています。『完全メシ』には「栄養素のバランスが整っていて、ウマくて、しかも手軽という圧倒的な機能価値」があります。〝完全栄養食〟を謳っている商品は市場に登場していますが、『完全メシ』ほど拡がっているものはほとんどありません。

味と栄養のいいとこどりで圧倒的な人気
（画像提供：日清食品）

多くの生活者の中に「健康を謳う商品は味がイマイチ」という認識がありますが、他のブランドと『完全メシ』には〝既存ブランドの活用〟という大きな違いがあります。『完全メシ』は既存ブランド（『日清焼そばＵ．Ｆ．Ｏ．』や『日清カレーメシ』など）

を活用することで、生活者は「既存の日清食品の商品は信頼できるから、健康を謳っていてもおいしいに違いない」と最初から安心して購入できるのです。

加えて、直近（2025年1月現在）のブランドコミュニケーションでは日清食品の代表ブランド『カップヌードル』と『完全メシ』を比較して、「栄養バランスが整ってる。しかもうまい。そりゃ『カップヌードル』よりこっちだろ」と言い切る訴求をしています。比較対象を作ることで「品質の間違いのなさ」を演出できている好事例です。

過去にヒットしたなら、間違いないハズ！

最後に、損失回避のツボを刺激するコツを紹介します。

損失回避のヒントは**「間違いのないものの恩恵にあずかる」**です。言い換えると、**「ヒット商品のリメイク」**。

レトロブームもそうですが、昔流行したものには本質的な良さがあり、生活者にとっては品質的に間違いないと感じやすくなります。

既存のブランドや、ヒット作を時流にフィットするように加工し、もう一度訴求することで、安心感のあるチャレンジになります。

成功事例で紹介した『完全メシ』も、既存のヒットブランド『日清カレーメシ』などを活用して「新奇性の高い商品ながらも、味での間違いのなさ」のイメージ醸成ができています。

そこには「面白い、ウマい、便利」などの安心感があるのです。

まとめ

□ 損失回避のツボは「買物での失敗や損を回避したい」という気持ち。

□ 回避したいのは「品質での損」「量やサイズでの失敗」で、「お得なタイミングで買いたい」という気持ちもある。

□ 行動経済学の観点からも、手に入れるよりも損をしないことの方が重要とされており、買物においてネガがないことは非常に重要。

□ ヒット商品のリメイク利用は、生活者からすると間違いのない安心感が生まれる。

第4章

“買ってもいい”を“維持”する3つのツボ

『REASON & KEEP』

18

安心の実績
これを買っておけば間違いなし

信頼感

定義

「買物自体に不安がなく、安心・信頼できる」ツボ。「信頼感」がないと買いたいと感じにくいため、リーズン&キープに位置づけられる。品質の確からしさを感じる、第三者や専門家の評価がわかるなど、買物する過程で信頼できると思える感覚。ビジネスのライフサイクルが短い現代では、時間をかけて評判を作るだけではなく、短時間で「間違いない」と感じさせる情報設計が重要。

相性の良いカテゴリー

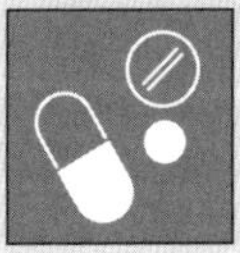

医薬品・サプリメント

趣味に関する商品（書籍／音楽／映像・動画など）

ECサイト（通販サイト）

家電・電化製品

商品、売場、店員、売り方……信頼には理由がある

「信頼感」を感じて買いたくなる瞬間には次のふたつがあります。

①売り方から品質の確からしさを感じる
②第三者評価や売り手の本音がわかる

それぞれ解説します。

まずは、**①売り方から品質の確からしさを感じる、**についてです。

生活者は、買物をする際に「この商品はいい商品に違いない」という確信が持てるようになる情報を探しています。

例えば、含まれる成分や産地、製造過程などが公開されていると、商品を購入する際の不安を軽減できます。

近年ではECの普及により、選べる商品の幅が急激に広がりました。

ＥＣが普及する以前は、リアル店舗で陳列された商品を購入していました。店舗に陳列できる商品数には物理的な制約から限界があるため、商品を仕入れるバイヤーが、生活者のニーズを見極めて売れる商品だけを選定します。その結果、選択肢は限られるものの、バイヤーがセレクトした生活者のニーズに合う商品群から商品を選ぶため、失敗する確率はそれほど高くなかったと言えます。

しかし、ＥＣでは陳列する際の物理的な制約がありません。バイヤーのセレクトではなく、出品者が売りたいものを直接買えるようになったため、商品の多様性が広がり、生活者はこれまでリアル店舗では買えなかったメーカーの商品も買うことができるようになりました。

ＥＣの活用で商品の選択肢が広がったことで、これまでよりもコストパフォーマンスの良い商品と出会える可能性が増えた一方、安くて品質も低い「安物買いの銭失い」につながる商品を買ってしまい、失敗するリスクも高まったのです。

だからこそ、品質管理の体制や商品が提供されるまでのプロセスの透明化が求められています。商品のみならず、製造プロセスや企業姿勢も含めた透明性を感じられると、信頼を得られやすいでしょう。

商品への信頼に加え、店舗や売場への信頼も重要なポイントです。例えば、清潔な売場環境や整った陳列、親切な案内がある店舗は、扱っている商品も信頼できそうだ、という感覚を生みます。

さらに、社会的評価が高いブランドを多く取り扱っている店舗や、地域の方々に長い間愛され続けている場所も、「ここで売られている商品なら信頼できる」という気持ちを醸成します。

これは、ECにおいても同様のことが言えます。フィッシング詐欺などのネットを通じた被害が広がる近年、どこの国の誰が売っているかわからない、詐欺に遭うかもしれない、といった不安感は多くの人が抱いています。そのため、信頼できる購買環境は、安心して買物を楽しむための必要不可欠な条件です。

第三者の客観的評価と主観たっぷりの店員の声

次に**②第三者評価や売り手の本音がわかる、**についてです。

売り手は商品をより良いものに見せて高く売りたいため、様々な謳い文句で魅力を伝えていますが、買い手は商品の価値を正しく見極める必要があります。

しかし、商品を選ぶための知識を学んだり、商品を使用してみたりすることは時間や労力がかかるため、難しいものです。そんなときに生活者が頼りにしているのが、第三者による評価です。

特に、商品比較をするために必要な知識を持ち、科学的な検証をして良い悪いを判断できる専門家の評価を確認できると商品への信頼感がぐっと高まります。

第三者の評価とは別の視点で、店員の主観的な「本音」が伝わることで、商品に対して理解や共感を呼び、信頼性が高まることもあります。

店員は売り手かつ、商品の専門家でもあります。商品をよく知る専門家として、商品の特徴や利点、時には欠点まで、実際に体験したことを交えて正直に説明すると、その商品のことをより深く理解でき、欠点についても納得して受け入れやすくなります。

「欲しくなって、思わず自分用に買ってしまった」「ここがマイナス面だが、こうすれば払拭できる」などといった、リアルで共感できるメッセージは、商品に対する信頼感を醸成し、購入の後押しとなります。

主観であっても正直な意見であれば顧客の信頼感を高めることにつながるのです。

成功事例

株式会社晋遊舎『ＬＤＫ』

信頼と実績の商品テストはあくまでもユーザー目線で

「信頼感」の成功事例として、生活情報誌・ＷＥＢメディア『ＬＤＫ』を紹介します。

『ＬＤＫ』は、雑誌広告は一切入れず専門家や研究者の協力のもと、商品へ忖度のないテストを実施しており、その結果を正直に掲載しています。テストした商品数は1年間で平均５０００商品以上、創刊以来延べ約10万点。アンケートや市場調査をもとにユーザー目線で商品を選び、自腹で購入したり、使うシーンを想定して商品を比較したりと、使う人に寄り添った公平かつ信頼性のある情報提供をするためのプロセスを重視しています。

『ＬＤＫ』が読者から圧倒的な信頼を得ている理由は、すべてにおいてユーザーの視点に立つというブレない軸にあります。企画に当たっては、読者本人や知人・友人に「生活で困っていること」「知りたいこと」を徹底的にヒアリングし、読者が何を知りたいのか、どういう観点で商品をテストしてほしいと思っているかを盛り込んでいます。

テストする女性誌LDK(画像提供:晋遊舎)

そうした姿勢が求められる背景には、「ECサイトのレビューや口コミはどこまで信用できるのか」という生活者の率直な疑問があります。ECの普及とともに、口コミを参考に買物をする習慣が根付きましたが、その情報の確からしさの判断には難しいものがあります。なぜなら口コミの評価者の価値観や感性はいろいろ、必ずしも自分と同じとは限りません。どんな価値観のもと、どんな根拠に基づいて評価したのかがわからなければ、自分にとってそれが有用か判断できません。

その点『LDK』は、練りに練られた商品テストの検証フローや評価方法が明確に公開されていることで読者からの信頼を得ています。編集部が〝心からおすすめできる〟と認めた商品にのみ付けられる「ベストバイマーク」は、信

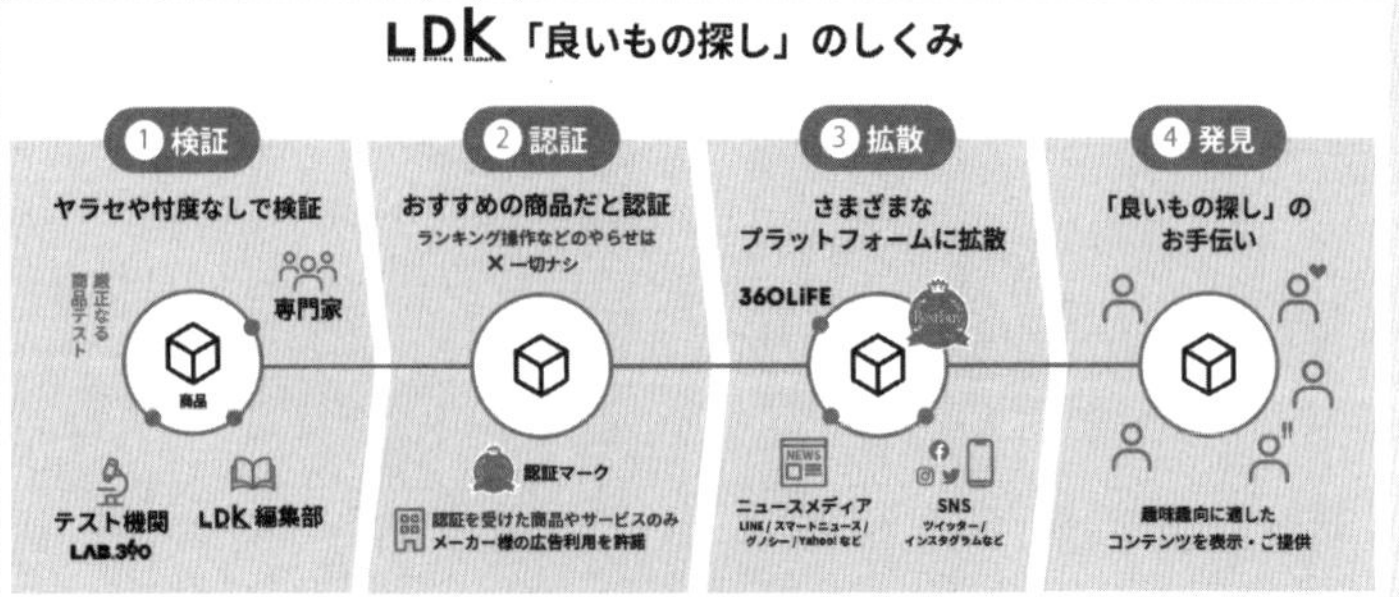

十分な検証を進めた上で情報を発信
（画像提供：晋遊舎）

頼できる商品の証として購入の大きな後押しとなっています。

さらに『LDK』は科学的根拠に基づいて検証を行うために独自のLABを設置。専門家から意見を聞くことがあってもそのすべてを鵜呑みにするのではなく、編集部でも検証をし、総合的に判断をして、記事にしています。専門家は商品に精通していても、読者がどんな情報を欲しがっているかまでは把握できていないことが多い。専門家の意見は参考にしつつ、ユーザー視点の検証を行い、結果と共に評価をする。あくまでも読者の不満や悩みを起点にしているのです。

例えば、歯ブラシのテストでは、ベストバイ商品を選定するだけではなく、正しい磨き方も伝えました。しかしながら普段の生活ではなかなか意識を徹底できないため、歯ブラシの構造として自然に正しい磨き方になる商品はどれかという観点で検証しています。

また、商品として耐久性を比較しつつ、すぐに毛がボロボロになる理由は力の入れすぎもあることを紹介し、生活者の悩みの解決方法を提案していました。

また、キッチンスポンジの検証では総数280個の汚れた食器とフライパンを繰り返し洗い、耐久性を検証して比較しました。実際の生活シーンを想定した検証方法がテストの信頼感を高めています。

包丁のテストでは、切れ味の持続性を検証するために当初はまな板にこすりつけて摩耗を検証していましたが、劣化は摩耗だけではないことに注目して、洗剤で洗うプロセスを取り入れるなど、毎回ベストな方法を検討してブラッシュアップしています。

情報の発信は、紙媒体だけではなく、双方向コミュニケーションができるSNSでも展開。ライブストリーミングを通じてリアルタイムでテストを再現したり、誌面に乗せられなかった情報もプラスして届けたりもしています。

ユーザーの視点に立った率直な感想や、専門家の協力による客観的評価があること、その評価指標やプロセスを公開する透明性などを組み合わせて、信頼感を生み出しています。

品質の確からしさの可視化

品質の確からしさを伝える方法のひとつ目は、**「数字を活用する」**ことです。発売してからの年数や累計販売数、ファンのボリューム、お客様満足感など、どれだけ多くの人に選ばれているか、満足されているかを数字で伝えることが有効です。

第三者の認証機関の審査を受けてお墨付きを得ることでも信頼性を高めることができます。ＩＳＯ認証やレインフォレスト・アライアンスなど、製造過程で一定の基準を満たしていることを認証してもらい、品質の高さを伝えるのです。認証には時間やコストが発生するため、ブランディングに有効であるかを検証した上で認証取得をするかどうかを検討する必要があります。

小売店の視点で信頼感を刺激する売場を作るためには、販売する商品の選定プロセスを公開することが有効でしょう。誰がどのような基準で商品を選んだかによって、信頼感が向上します。選定者の人数や経歴、スキル、選定にかけた時間、選定した商品の数、選定の評価軸などを公表することで確かな商品を取り扱っていることを伝えることができます。陳列する商品に一定の基準があることを明言する方法もあります。例えば、環境に配慮したパッケージの商品だけを集めて、基準があることを示す方法が考えられます。

さらに、**「生活者を商品の開発過程に巻き込む」**方法もあります。ユーザーを招き、既存の商品やサービスに対する意見を聞き、指摘された部分を改良するなど、買い手や使い手の立場に立った製品改良が行われていることが生活者に伝わると、信頼感を増すことにつながるのです。

まとめ

- 信頼感のツボは「買物自体に不安がなく、安心・信頼できる感覚」。
- この商品はいい商品に違いないという「確信」をつくる信頼感は、リーズン&キープに位置付けられる。
- 透明性、第三者の評価など、信頼できる根拠を明示することで、買いたい気持ちを維持することができる。
- 信頼感を刺激する企画を作成するためのヒントは、「品質の確からしさの可視化」。

19

根拠・理由

根拠で確信
納得して買物したい

定義

「根拠があって、買うことが肯定される」ツボ。リーズン&キープタイプに位置づけられる。スマートフォンの普及で誰もが簡単に買物情報を集められるようになった一方で、情報が玉石混淆で確信を持ちづらくなった。誤った情報を信頼して、買物に失敗するのではないかという潜在的な不安に対して、しっかりとした根拠が下支えしてくれると買いたい気持ちを維持できる。

相性の良いカテゴリー

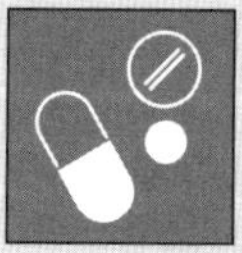

医薬品・サプリメント

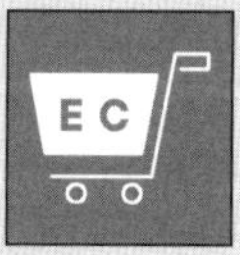

ECサイト（通販サイト）

家電・電化製品

家具・インテリア

気付かない差も目で見てわかると買う理由になる

「根拠・理由」を感じて買いたくなる瞬間には、次の3つが挙げられます。

①効果や実績を数値や見た目で理解
②権威からの情報に安心
③比較を通して納得する情報が得られる

それぞれみていきましょう。

まず**①効果や実績を数値や見た目で理解、**について解説します。

目で見てわかる違いがあると、これなら買っても大丈夫だという自信につながります。

目で見てわかる違いには「数値」と「実演」大きくふたつのパターンがありますのでそれぞれ紹介します。

近年は「腸活」「眠活」などウェルビーイングの文脈で「〇活」が多く登場していますが、

配合されている成分だけ表示されても、実際にどんな効果があるのか、生活者からわかりにくい部分もあるかと思います。

・睡眠に効く○○成分っていうけれど、どれくらい眠れるんだろう？
・腸活っていうけど、他の商品と違いはあるのかな？
・体脂肪が減るような気がするけど、どれくらい減るのかわからない

こんなふうに多くの方がこんな疑問を抱いたことがあるのではないでしょうか。

法律上の観点と生活者を守るという意味では、直接的に「何時間眠れる」「○キロ痩せる」といったことをメーカー側が喧伝することはできないですが、一方で生活者としてもどれがいいのかわからず選びづらい状況にあります。

生活者としては「数値的」な説明があると理解が進みやすいのではないでしょうか。例えば腸活なら、「○○菌が腸に良い理由」の説明があり、それが「比較対象（野菜などの食品、他社製品など）と比べてどれくらい多く配合されているのか」、それによって「どれくらいの効果が期待できるか（アンケート結果など）」などといったケース。自分の生活にどんなメリットがあるかに紐付けて数値的に可視化されていると、単に成分で示されるだけより

も「これなら買って大丈夫そう」という自信につながります。

見た目で根拠を理解する方法は、数値的表現以外にもあります。旧来からある「実演販売」もそうです。例えば、掃除用品のテレビ通販では商品の説明があるだけではなく掃除前後の変化をビフォーアフターで見ることができるので、「これなら効果があるぞ」と確信することができます。

実演販売以外では、試食やテスターなどで確認するという手段もあります。生活者にとって、ドラッグストアの化粧品コーナーではテスターが欠かせません。百聞は一見にしかず、自分自身で試すことで商品の違いを実感、生活者は「これなら大丈夫だ」と確信することができます。

権威に認められたら躊躇せずに買物できる

次に②**権威からの情報に安心**、について紹介します。

様々な買物情報を簡単に取得できてしまうがゆえに、情報が玉石混淆でどれを信用したらいいかわからず買いづらいシーンがあるかと思います。そんなふうになる前に、根拠がしっかりしていて、選択を後押ししてくれるような良質な情報があれば、買物したい気持ちは萎えなかったのではないでしょうか。その良質な情報のひとつが、社会的な承認や信頼、影響力を持っている「権威」の発信です。

次のような例があります。

・あの一流ホテルで使われているアメニティなら、非常にセンスが良いはずだ
・あの有名大学の生協で売上ナンバーワンの商品なら、勉強に役立つに違いない

私自身も買物の際には参考にすることが多いです。とくに類似商品との違いを数値で理解するのが難しかったり、見た目だけでは違いがわかりづらい商品を選ぶ時に、権威からの情報は真価を発揮します。

押しつけられた情報に疑いの目
自分で見つけた納得情報が重要

最後に、**③比較を通して納得する情報が得られる**、について解説します。

ここまでは「数値」「権威」など、買物の根拠や理由になるものに着目して生活者のインサイトを概観しました。ここでは「どのように情報が提供されると、買物の根拠と感じられるか」という観点で考えます。

買物研究所ではこれまで多くの市場調査を実施してきました。多くの調査に共通して「企業から発信される情報だけではなく、それ以外も参考にしたい」という生活者の声が挙がっています。

例えば、いわゆる「企業案件」を扱うインフルエンサーのPR投稿だけを鵜呑みにせず、紹介した商品をプライベートでも使っているかを確認しています。また、「今回の商品は、私には向かなかった」などの正直な情報を発信しているインフルエンサーだと、より信頼感が高まったりします。

とはいえ、すべてを独自に調べつくすことはできません。現代ではSNS、口コミサイト、公式サイトなど簡単に商品情報を得ることができる反面、情報が細分化されすぎて、丹念な比較検討を行っていては、買物に時間がかかりすぎるのです。

そこで、生活者が、「比較の過程で自ら見つけた納得情報」があることが大事になってきます。私が最近体感したのは、バラエティーショップの折り畳み傘売場でした。

売場で商品を選んでいる人たちは「デザイン」と「重さ」で選んでいるようでした。私もデザインは見ればわかりますが、重さについては自分で持った感覚にあまり自信が持てませんでした。そう思いながら売場をぐるぐる回っていると、台秤が置いてあるのに気付きました。その売場では、顧客が自分で台秤に載せることで、折り畳み傘の重さを〝可視化〟していたのです。実際に観察していると多くの人が秤に傘を置いていました。「自分で秤で測定し、比較する」という作業を通して、納得情報を見つけることができたので、自信を持って買物をすることができました。

裏話×数値根拠で、比較情報の説得力を上げる

最後に、根拠・理由のツボを効果的に刺激するコツをふたつ紹介します。

ひとつ目は**「普段は見えない裏話の提示」**です。普段は見えていない部分が一瞬垣間見えると、生活者はその情報に希少性を感じ、情報への信頼感が増します。例えば、根拠となる数値がどういうふうに収集されたのか、商品テストのプロセスはどんなものだったのかなど、生活者には公開していなかったような裏側が見えると、数値自体の説得力を強化

することがあります。

また、開発ストーリーや作成工程自体に数値を付けるパターンもあります。例えば、「この商品は300の工程を2年にわたって、職人が手作業で行っている」「開発段階で100個のアイデアが出たが、その中で1番いいモノだった」と聞くと、すごさの根拠が強化される感じがしてきます。

買う理由にも、人間味が必要!?

ふたつ目は**「理由や根拠に人間味を残す」**です。本章の「腸活」の事例でも取り上げましたが、いくら数値や根拠で示されてもそれが自分にとってどういう意味を持つのか？の理解につながる必要があります。企業側としては、その数値は誰にとってどういう意味を持つのかを意識して訴求をする必要があります。

私は、アパレル企業のライブコマース（ショップ店員がSNSでライブ配信を行い、そこから買物をすること）で、「最後は人間味」を実感しました。商品紹介の前、動画の冒頭で、紹介者の身長だけでなく、家族構成などライフスタイルを語っていました。その人の背景を事前に知ることができたので、商品への評価理由がよく理解できました。例えば、「お子さんがいるから汚れてもいい服を絶賛してたのか」といったように根拠が想像できて、おススメの理由に納得感がアップするとともに、ほっこりした気分を醸しだして商品への好感度が上がりました。

まとめ

- 根拠・理由のツボは、「根拠があって、買うことが肯定される」という気持ち。
- 根拠・理由があるな、と生活者が感じる瞬間は、数値などの目で見てわかる根拠と権威からのお墨付き、情報を一方的に押し付けられてない感覚も大事。
- 情報が玉石混淆な時代、確信を持てる理由や根拠は、買物選択に重要。
- 根拠・理由にも、単なるデータではなく裏話があったり、人間味があるとより効果的。

20

やっぱりこれが好き
選べると幸せ

選択感

定義

「適度な数の選択肢から自分の意志で商品を選んでいる感覚」のツボ。自ら選んだ実感があると納得感が高まるためリーズン＆キープタイプに位置付けられる。自分で判断基準を定めて商品を選ぶ行為は、自分の価値観や理想を理解することにつながる。自分の価値観に合うか吟味して選んだ商品には愛着が生まれやすく購入後の満足感が高まる。

相性の良いカテゴリー

趣味に関する商品（書籍／音楽／映像・動画など）

家電・電化製品

ECサイト（通販サイト）

家具・インテリア

選び方のガイドがあると選択に確信が持てる

「選択感」を感じて買いたくなる瞬間には、次の3つがあります。

①商品の選び方がわかる
②感性で選べる
③幅広い選択肢からベストを選べる

まずは**①商品の選び方がわかる、**についてです。

普段購入する機会が少ないカテゴリーの買物では、商品にどんな違いがあり、どんな選択基準で選べば良いかがわからないということが起きがちです。買物客は、「商品の選び方ガイド」に沿って、自分がこだわりたいポイントを決めて商品を選ぶことができると「選択感」を感じます。

例えば、イヤホンを購入する際は価格、音質、デザイン、付帯機能など様々な選択基準がありますが、なんのガイドもないとどう選べば良いかわかりません。こんなときは、イヤホンの使用用途から選ぶようにガイドするのが良いでしょう。屋内で質の良い音を楽しみたい場合は高音質タイプ、スポーツ用なら防水タイプ、通勤利用にはノイズキャンセリングタイプ、テレワーク用なら通話機能があるタイプなど、使用用途に最適な商品群を呈示した後、予算に合うモデルを絞り込み、デザイン、音質を比較して好みで選ぶようにガイドをすると選択感を高めることができるでしょう。

お気に入りを見つけ出す感覚が楽しい

次に②**感性で選べる、**です。「選択感」のポイントは、あくまでも自分自身の目で選んだと感じられることにあります。

誰かが推奨するものを買う以外に選択肢がない場合、自分で選んだという実感は得られません。店舗で商品を手に取ったり、実際に体験してみたり、様々な角度から商品を眺めることで、納得感が醸成されます。

例えば、スーパーで野菜を購入する際に「個体差」を肌で感じながら選んだり、鮮度を見極めながら魚を選んだりと、自分の感性を使うことでより確からしさを実感できて、買物の満足につながります。オンラインショッピングでは「個体差」を選ぶことはできませんが、得られる情報をすべて見くらべて、より良い選択になるよう自分の目で選別することは同じです。

たくさんの中から選ぶと後悔しない

最後に③**幅広い選択肢からベストを選べる**についてです。選択肢がない、あるいは少ない場合、「もしかしたら他にもっと良い商品があったかもしれない」という不安が残りがちです。選択肢が豊富だとその不安が軽減され、「検討した結果、自分はこれがいいと思った」「選んで悔いなし」と、検討プロセスに自信が持てます。

化粧品やファッション分野では、色やデザインの選択肢が多いと迷うことも多くなりますが、その中からより自分の個性や好みに合うものを選ぶことで買物の満足度が上がります。豊富な選択肢から「自分にとってのベスト」を見つけていくプロセスが、購入後の満足感を決めるのです。

成功事例

株式会社伝統デザイン工房『大好物醤油』

「醤油選びは大好物の料理から」という新発想

醤油は和食には欠かせない調味料であり、日本人にとって非常に身近な存在です。どのスーパーでも手に入れることができる一方、ワインや酢、みりん等のように多品種で数が多く、どのように選んだら良いかわからないという課題があります。

「大好物醤油」は、醤油の成分や品質から選ぶのではなく、「自分の好きな料理に合う醤油を選ぶ」という発想で、醤油との新しい出会い方をデザインした商品です。

パッケージには、とんかつや餃子、お寿司などのイラストが中心に配置され、「大好物」というシンプルな基準で、ユーザーが自由に新しい醤油に出会う機会を提供しています。日本各地の醤油蔵から料理の味わいを引き立てる醤油を厳選し、絶妙な組み合わせで提供されるため、思ってもみなかった醤油と出会うことができます。

例えば、赤身のお刺身に合わせるなら、うま味たっぷりの醤油が赤身の生臭さを消し、

ラベルのイラストと質感の違いが楽しい（画像提供：伝統デザイン工房）

甘みを引き出す「つれそい」（愛知県・南蔵商店）、餃子に合わせるなら、油と酢との相性が抜群な「甘露しょうゆ」（静岡県御殿場市・天野醤油）、目玉焼きにはとろっと半熟な黄身と醤油が溶け合いクリーミーな味わいになる「生成り、濃口」（福岡県・ミツル醤油醸造元）、など、多種多様な醤油の中からその料理に一番合う醤油を提案してくれる商品です。

醤油そのものの成分や品質などの違いに詳しくなくても、「好きな料理に合う醤油を選ぶ」ことを商品のコンセプトに組み込み、自分の好みのものを選べる工夫がされているのがこの商品の特徴です。一方でパッケージを取り外せば本来の銘柄がわかり、2本目以降は銘柄を指名買いしてもらえるような配慮もされています。好きを基準に、自由に新たな

自分の大好物から醤油を選ぶというアプローチが新しい（画像提供：伝統デザイン工房）

醤油と出会える。自分自身だけのオリジナルな選択感を得られる体験ができるよう考えられた企画です。

「選択感」のツボを刺激するために、売り手にはどのような工夫があるでしょうか。

まずは、「選択の幅を設計する」です。年齢、性別、収入層、家族構成など顧客の基本的なデモグラフィック属性の情報から、どれかに着目して商品の選択肢に幅を持たせるのです。

例えば、スーツ売り場であれば、売場を世代別に展開する方法があります。その場合、世代別の重視点に合わせたラインナップを行います。年配層向けにはクラシックで落ち着きのある定番商品、若年層向けにはトレンドを取り入れたスタイリッシュな攻めた商品、

大好物イラストのパッケージを外すと本来のラベルが現れる（画像提供：伝統デザイン工房）

その中間層に向けてはビジネスでもプライベートでも使える汎用性の高い商品といった具合にラインナップを用意するのです。

そうすると、実際の年齢よりも若見えしたいとか、逆に落ち着いた感じに見せたいとか、ニーズに応じた選択がしやすくなります。

もちろんその中には価格帯の幅も用意します。コンセプトは同じでも顧客の購買力に応じた商品を準備することで、「選択の自由」がより広がります。

選択肢の数をコントロールする

幅広い選択肢からベストを選べると買物の満足感につながるとお伝えしましたが、選択肢の数が多すぎると選ぶときの心理的な負担が大きくなり、かえって買いたい気持ちが低下します。

お客様に提供する商品の選択肢に関する有名な研究「ジャムの法則（Jam Experiment）」についてご紹介します。

コロンビア大学のシーナ・アイエンガー教授とスタンフォード大学マーク・リーパー教授は、雑貨店にジャムの試食台をふたつ設置しました。ひとつの台には24種類のジャムを置き、もうひとつの台には6種類のジャムを置きました。その結果、24種類のジャムを提供した台にはより多くの人が近づいたものの、実際に購入したのは6種類のジャムを試した人々の方が多かったのです。

つまり、顧客にとっては選択が簡単であるほど、購入の決断を下しやすくなり、逆に選択肢が多すぎると、かえって面倒になり、購入しなくなるのです。この理論を考慮しつつ、選択肢の数を適切に設計することが重要です。商品の数が多すぎる場合は、いくつかのサブカテゴリーに分類しておくことが有効です。

例えば、24種類のコーヒー豆を売ることを想定してみます。まずは「味の濃い／薄い」と「苦味の強い／弱い」というふたつの軸を設定した4象限のマップを作り、それぞれの商品を配置して、どんな香りがするのかを商品名とセットで解説します。

このようなマップがあれば、お客様は4象限から大まかに好みの味の方向性を選ぶことで、選択肢の数をぐっと絞り込むことができます。

選択肢が少なくなった状態で、各商品の香りの解説を読むことができ、最終的に自分好みのコーヒー豆を選ぶことができるでしょう。このように段階を分けて商品を選べるようにすると一回当たりの選択肢の数を減らすことができ、選択感を高めることができるでしょう。

まとめ

□ 選択感のツボは「適度な数の選択肢から自分の意志で商品を選んでいる感覚」。

□ 自ら選んだ実感があると納得感が高まるため、「リーズン&キープ」に位置付けられる。

□ 商品の選び方がわかり、多くの選択肢の中から自分の感性で最適なものを選べると買いたい気持ちを維持することができる。

□ 選択感を刺激する企画を作成するためのヒントは、「選択肢の幅を設計する」「選択肢の数をコントロールする」。

第 5 章

ふたつのツボを掛け合わせ
新たな相乗効果を生む
6つの上級テクニック

ツボの掛け合わせで「強い購買行動」をつくる

ここまでは**買物欲＝買いたい気持ちを刺激する20の「ツボ」**について、その定義、企業事例、ツボを効果的に活かすヒントを紹介してきました。

ツボには、「ブーストかキープか」「ラブかリーズンか」のふたつの視点があることは十分に理解できたかと思います。このふたつの視点からなる4象限にはそれぞれの意味があり、買物欲の刺激時に期待できる効果も変わってきました。

・**愛着**が湧いて買いたい【ラブ&ブースト】
・**ストレスフリー**（**楽**）だから買ってもいい【ラブ&キープ】
・**納得**したから買いたい【リーズン&ブースト】
・**自信**が芽生えたから買いたい【リーズン&キープ】

さて、買物欲の20のツボのうち、ひとつを活用するだけでも効果があるなら、ふたつ以

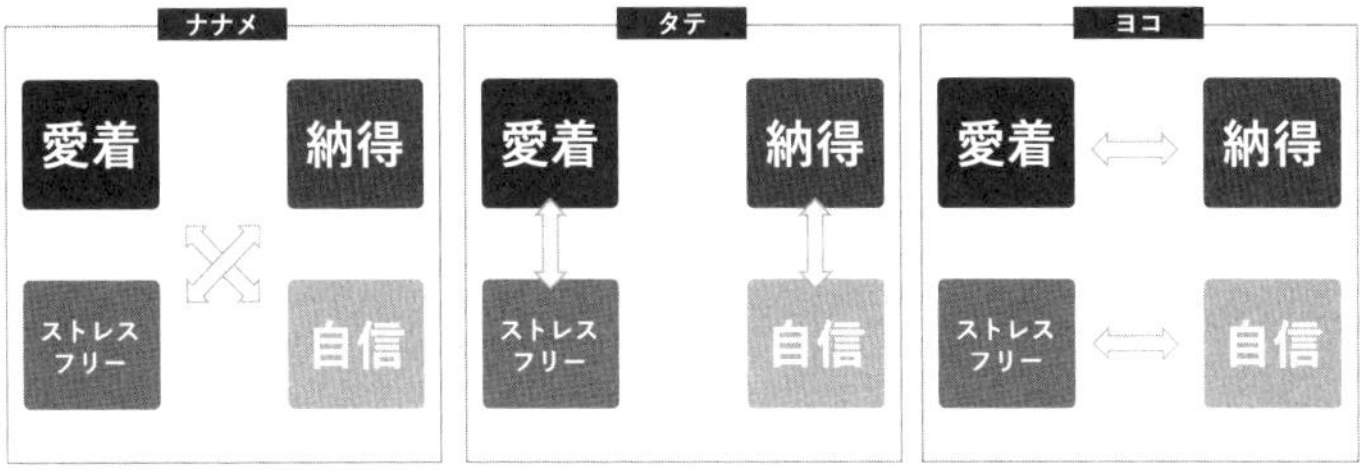

タテ・ヨコ・ナナメの組み合わせパターン

上ならどうなるのか。博報堂買物研究所のメンバー総出でリサーチを行い、検証しました。

ふたつ以上のツボを効果的に活用できている150個の事例を読み解いて法則性を探ったところ、同時にふたつの買物欲のツボを活用すると、それぞれ単体では生み出せなかった新しい効果が生まれて、買物行動への推進力が高まることがわかったのです。

ここからは以下のように言い換えて、ふたつのツボの掛け合わせについてより詳細に解説していきます。

【ラブ&ブースト】＝【愛着】
【ラブ&キープ】＝【ストレスフリー】
【リーズン&ブースト】＝【納得】
【リーズン&キープ】＝【自信】

キーワードは、「タテ・ヨコ・ナナメ」です。

ナナメの関係①
ラブ・クロスでつくる「最適解」

はじめに紹介するのは**【愛着】**と**【自信】**を掛け合わせた「ラブ・クロス」です。単体ではラブ&ブースト系のツボは「愛着が湧いて買いたい」、リーズン&キープ系のツボは「自信が芽生えて買ってもいい」を生む効果がありました。

このふたつを掛け合わせることによって相乗効果が生まれ、「最適解」と感じられるようになります。

ラブ・クロスパターンでは、消費者は**「愛着だけで選ぶのは不安だが、十分な情報があれば自信を持って購入できる」**と考え、安心して〝一目ぼれ〟のように商品を選べます。この手法は食品や家電など幅広い商材に応用可能です。

ラブ・クロスパターンの成功事例としては、「ストーリー性」のツボで解説した、驚安の殿堂ドン・キホーテが展開するプライベートブランド『情熱価格』があります。

例えば『素煎りミックスナッツDX』にはまず、ナッツを愛しすぎた担当者が決めたアーモンド、カシューナッツ、くるみの黄金の究極比率という「ストーリー性」があります。

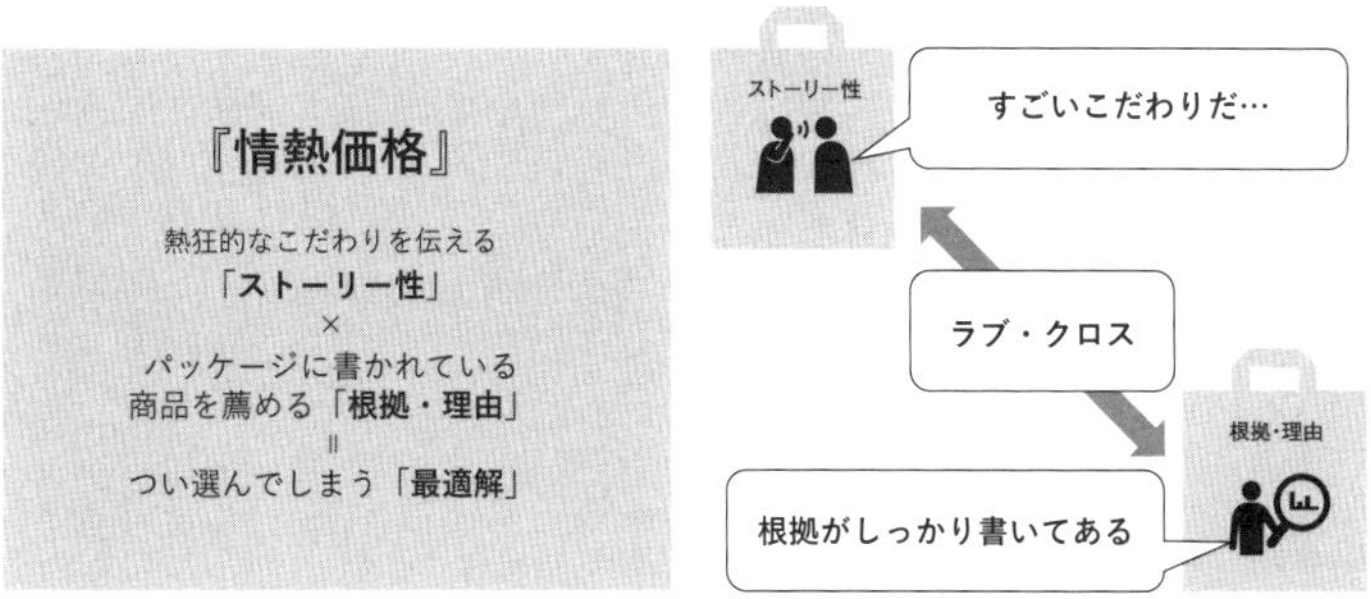
『情熱価格』
熱狂的なこだわりを伝える
「ストーリー性」
×
パッケージに書かれている
商品を薦める「根拠・理由」
=
つい選んでしまう「最適解」
ストーリー性
すごいこだわりだ…
ラブ・クロス
根拠・理由
根拠がしっかり書いてある

その上で、ただのこだわりの押し付けではなく、商品を薦める根拠が「売上額」という形でパッケージの中に記載されており「根拠・理由」が説明されているのです。

結果的に、食品棚の中で「異質感」があって買いたくなる、一目ぼれでついつい選んでしまう効果が生まれています。

ナナメの関係②
リーズン・クロスでつくる「開拓力」

次に、**【納得】**と**【ストレスフリー】**を掛け合わせた「リーズン・クロス」について説明します。単体ではリーズン&ブーストが「納得して買いたい」、そしてラブ&キープは「ストレスフリーだから買ってもいい」をつくり出します。これを組み合わせることで「開拓力」が生まれ、新しいカテゴリーに挑戦しやすくなります。

リーズン・クロスパターンは、生活者目線で**「しっかりと納得をした上で、ストレスがなく買物できる」**メリットがあります。あまり知らないカテゴリーであっても、キチンと納得する理由があって、買うまでに障壁がないので、立ち止まらない。新しいカテゴリーを開拓してみようというフロンティア精神を生むことができます。

これなら良さそうだという安心感があるからこそ、悩まずに短時間で手に取れたり、一度納得したら楽に買物できるからついついまた手が伸びるという効果があります。効果や効能に確かな違いがあって、新商品がたくさん展開される日用品やヘルスケアなどで特に効果を発揮します。

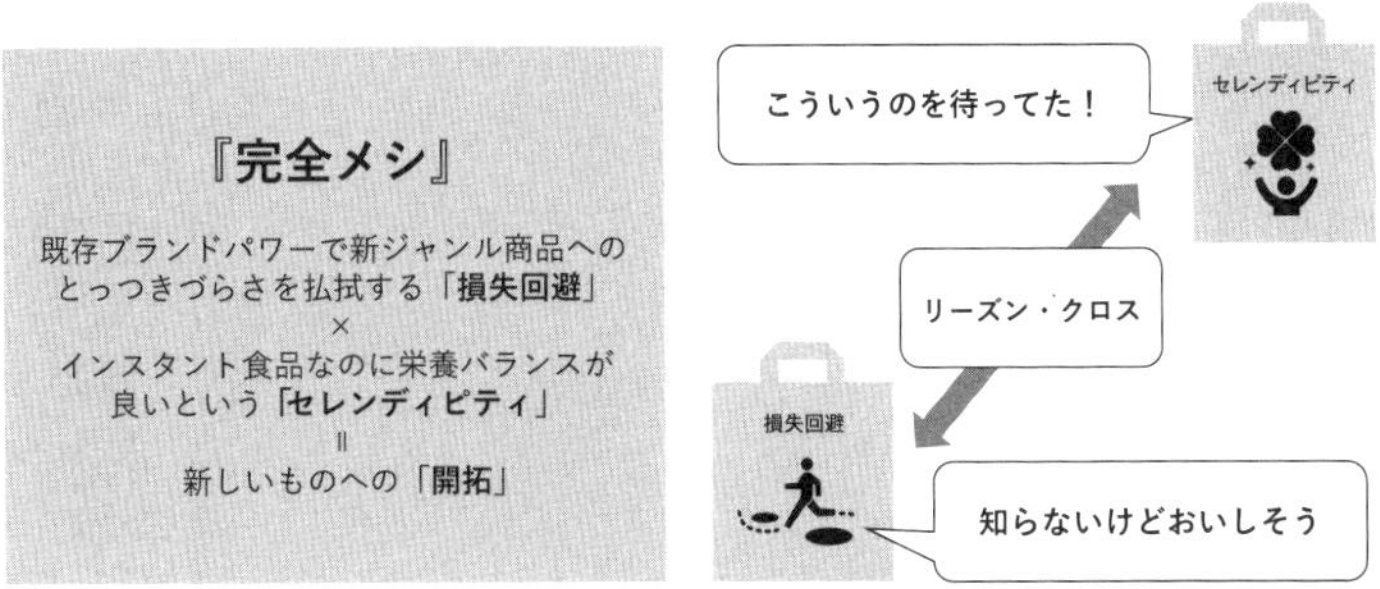
『完全メシ』
既存ブランドパワーで新ジャンル商品への
とっつきづらさを払拭する「損失回避」
×
インスタント食品なのに栄養バランスが
良いという「セレンディピティ」
=
新しいものへの「開拓」
こういうのを待ってた！
セレンディピティ
リーズン・クロス
損失回避
知らないけどおいしそう

リーズン・クロスパターンの成功事例は、「損失回避」のツボで解説した、日清食品の『完全メシ』です。『日清カレーメシ』などの既存ブランドを活用することで新しいジャンルの商品に対するとっつきづらさを払拭し、栄養バランスが整った商品でありながらおいしさを保証していることは「損失回避」の章ですでにご紹介しました。

その上で、インスタント食品なのに「こんな商品も栄養バランスが良いのか、そういう提案を待っていた」と感じる「セレンディピティ」が活用されています。

おいしさが保証されているだけではなく、調理が簡単なインスタント食品で栄養バランスまで整っているという「ジレンマの解消」がセットになっていることで、新奇性の高い商品に挑戦してみたいという気持ちを生むことに成功しています。

タテの関係①
ダブル・ラブでつくる「親近感」

3つ目は**【愛着】**と**【ストレスフリー】**というふたつのラブを掛け合わせた「ダブル・ラブ」です。単体ではラブ&ブースト系は「愛着が湧いて買いたい」、ラブ&キープ系のツボは「ストレスフリーだから買ってもいい」という心理状態を創り出す効果がありましたが、ふたつの掛け合わせで、「親近感」を相乗効果として生むことができます。

ダブル・ラブパターンは、生活者目線で**「愛着が湧いて、負担感なく気楽に買物できる」**メリットがあります。買物欲を上げる、および維持するの両面で感情に寄り添うので、「何となくこれがいいな」とフィーリングで選択に至ります。

どちらにしようかと2択になったときに「良い印象があるから、迷ったらこっち」と思わせる効果があります。

少し迷ったときに気軽に購入できるという意味では、食品や外食、化粧品など、購入頻度がそれなりに高く生活者自身で商品やサービスの良し悪しの目利きがしやすいカテゴリーで特に効果を発揮します。

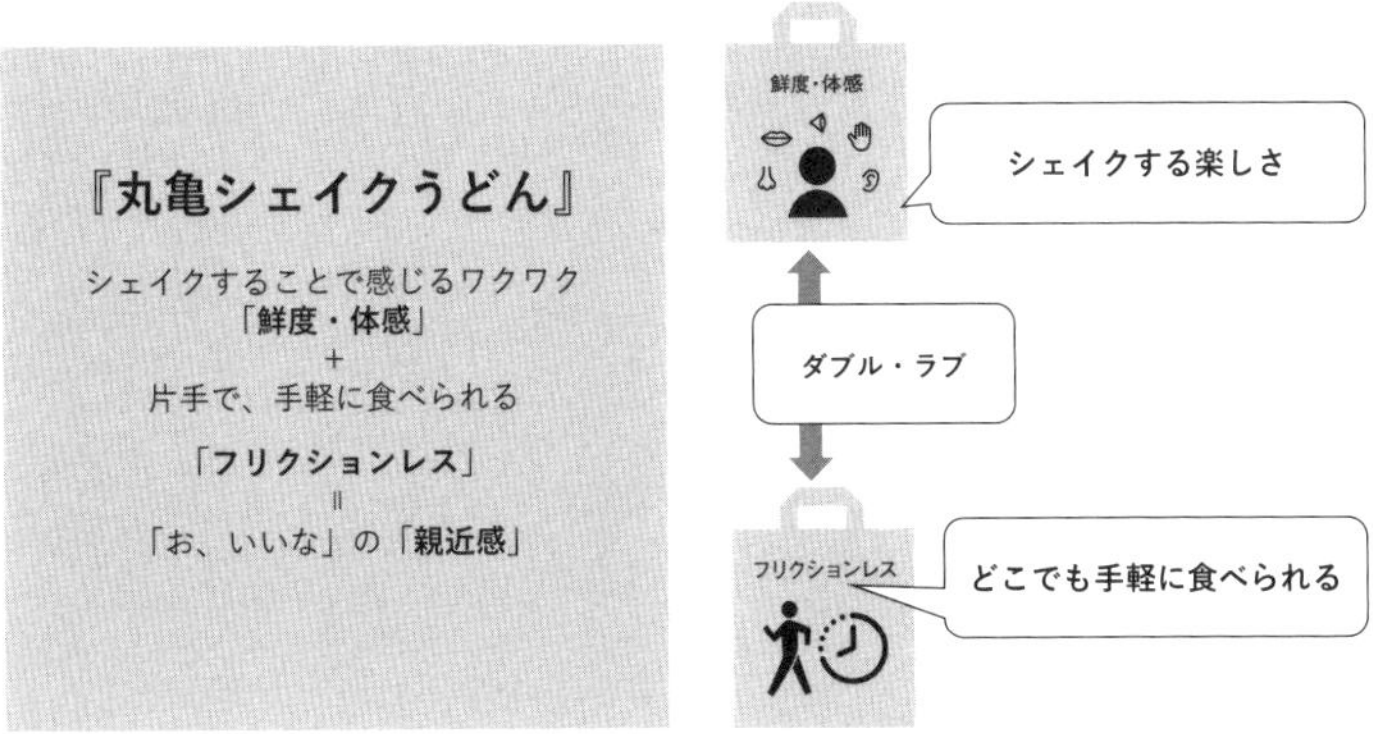

ダブル・ラブパターンの成功事例は、「鮮度・体感」のツボで解説した、丸亀製麺の『丸亀シェイクうどん』です。丸亀製麺が「お持ち帰りの新体験」として、発売した『丸亀シェイクうどん』は、「鮮度をダイレクトに伝えつつ」、シェイクするという動作で「活気を五感で感じさせる」仕掛けがあります。

加えて、ワンハンドで持てる容器で車内でも手軽に食べられるため、ドライブスルー店舗でも人気になるなど、「フリクションレス」も意識されています。

鮮度・体感が感じられて買物欲が上がるだけではなく、食べる場所を選ぶ負担感がないので、生活者は様々なシーンで選ぶことができるのです。

タテの関係②
ダブル・リーズンでつくる「安堵感」

4つ目は【納得】と【自信】、ふたつのリーズンを掛け合わせた「ダブル・リーズン」です。単体ではリーズン&ブースト系は「納得したから買いたい」、リーズン&キープ系は「自信が芽生えて買ってもいい」という心理状態をつくり出す効果がありました。このふたつのツボの掛け合わせは、相乗効果の「安堵感」を生む効果があります。

ダブル・リーズンパターンは、生活者目線で**「納得ができて、買うときに自信を持てる」**メリットがあります。買物欲を上げる、および維持するの両面で理性的に説得するので、石橋を叩いて渡る感覚があり「これで買える」という安堵感が生まれます。

これなら大丈夫だと確信できるからこそ「逆に普段選ばないものにチャレンジできる」「安心できるので、買い続けたい」と思わせる効果があります。家具や家電など、自分自身で選ぶもので購入する頻度が少ない商品ほど、後悔を避けたい気持ちが強く、このパターンが効果を発揮します。

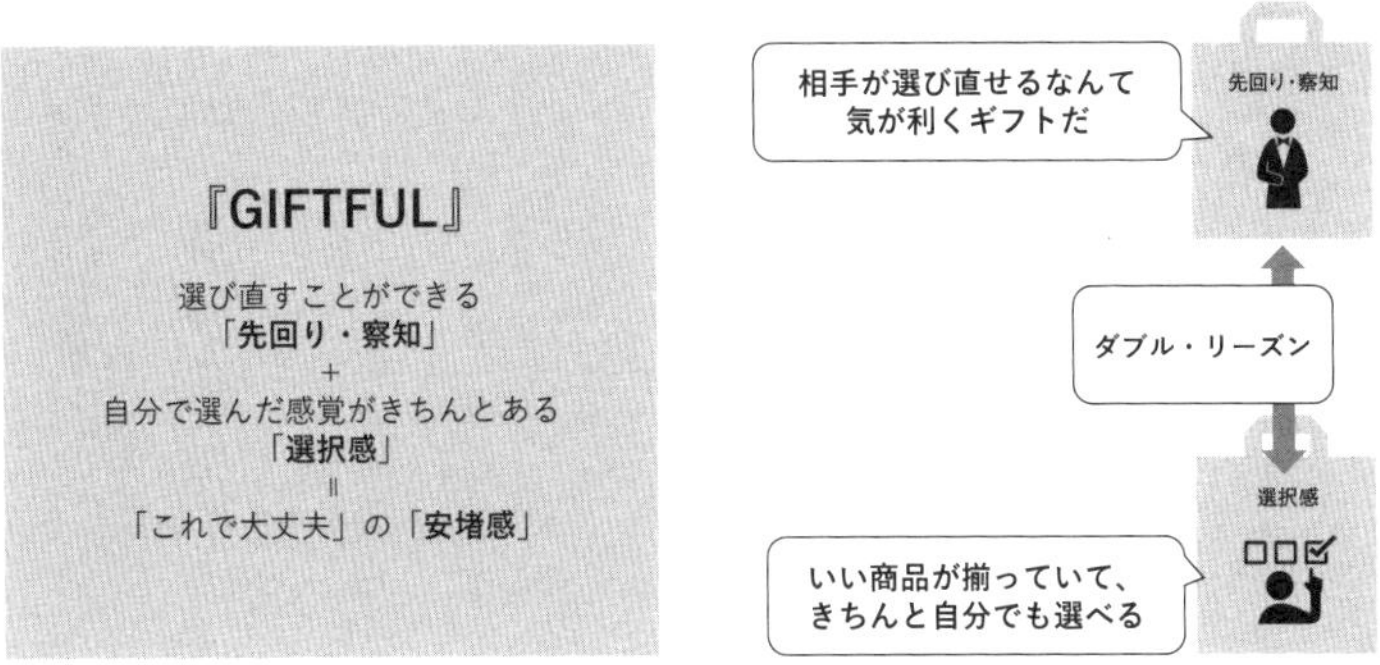
『GIFTFUL』
選び直すことができる
「先回り・察知」
＋
自分で選んだ感覚がきちんとある
「選択感」
＝
「これで大丈夫」の「安堵感」
相手が選び直せるなんて
気が利くギフトだ
先回り・察知
ダブル・リーズン
選択感
いい商品が揃っていて、
きちんと自分でも選べる

ダブル・リーズンパターンの成功事例は、「先回り・察知」のツボで解説した、GiftXの『GIFTFUL』です。プレゼントの貰い手に、より良い商品を届けられるように貰い手側が選びなおしできる特殊なギフトサービス。「相手が満足できなかったら」という不安な気持ちに先回りしてケアするサービスです。

加えて、カタログギフトや現金をあげるのは味気なくて、自分自身できちんと商品を選びたい「選択感」も意識されています。

どの商品も品質が高い物が揃っていて、選びがいもあります。

先回りの配慮があるだけでなく、自分で選んだ感覚もあるので、生活者は「これなら大丈夫だ」とギフトを選ぶことができます。

ヨコの関係①
ダブル・ブーストでつくる「決断力」

5つ目は【愛着】と【納得】をヨコに掛け合わせた「ダブル・ブースト」を紹介します。単体ではラブ&ブースト系は「愛着が湧いて買いたい」、リーズン&ブースト系は「納得したから買いたい」という心理状態を創り出す効果がありましたが、このふたつを掛け合わせることで相乗効果の「決断力」を養うことができます。

ダブル・ブーストパターンは、生活者目線で**「愛着を持ちつつ、納得できる買う理由もある」**メリットがあります。買物欲を高めることに特化していて、それなら買っちゃおう、という決断力が生まれます。このパターンは、幅広い商品やサービスで活用可能で、特に買うかどうか迷ったときに最後の一押しをするブースターとして効果を発揮します。

ダブル・ブーストパターンの成功事例は、「利他・社会性」のツボで解説した、良品計画の『ReMUJI』です。無印良品は生活者が不要になった無印良品の衣料品を店舗で回収

『ReMUJI』

リユースを買って、ソーシャルグッド
「利他・社会性」
＋
ハンガー掛け陳列で一点モノに出会う感覚
「限定感」
＝
「よし、買ってみるか」の**「決断力」**

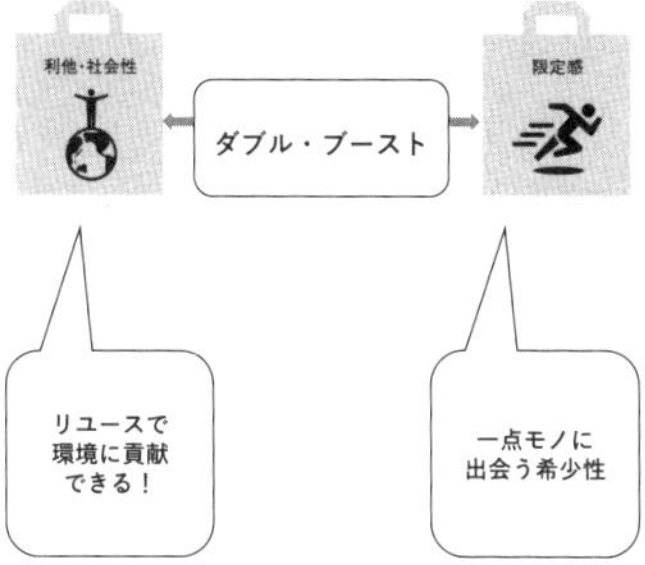

して、リユースやアップサイクルしています。染めなおしたり、洗いなおしたり、古着同士をつなぎ合わせてリメイクをしており、陳列も店舗によっては一点モノが選びやすいようにたたみではなくハンガーに吊るして販売しています。

環境に良いことができるだけでなく、一点モノに出会う希少性を感じられ、生活者は「よし、これを買ってみよう」と普段買わないリユース品だったとしても、一歩踏み出すことができるのです。

ヨコの関係②
ダブル・キープでつくる「継続性」

最後は【ストレスフリー】と【自信】を掛け合わせた「ダブル・キープ」です。単体ではラブ&キープ系は「ストレスフリーだから買ってもいい」、リーズン&キープ系のツボは「自信が芽生えて買ってもいい」という心理状態を創り出す効果がありましたが、ふたつを掛け合わせることで、相乗効果「継続性」を生み出すことができます。

ダブル・キープは、約150個の事例の中でも最も数が少ない掛け合わせパターンでした。維持するだけで買物欲を上げる要素がないと、買物に繋がりづらいからだと推測されます。

しかし、近年増加しているサブスクリプション（定期購買）的な買物にはうってつけです。生活者目線でダブル・キープは**「ストレスがなく買えるし、買うことに自信も持てている状態」**です。サブスクリプションを辞める理由を減らしたり、損した、自由に見られないなどの感覚を徹底的に減らすことで、定期購買の「継続」につなげることができます。

ツボを掛け合わせる手順

さて、ここまででふたつのツボを掛け合わせることで生まれる相乗効果について理解していただけたかと思います。では、実際にツボを組み合わせるには、どのような手順を踏めばよいのでしょうか？

ポイントとなるキーワードは「Choose→Mix→Ideation」です。

この3つのステップを意識することで、ツボの掛け合わせを効果的に活用できます。

【Choose】メインのツボを決める

↓

【MiX】掛け合わせ相手を決める

↓

【Ideation】掛け合わせをもとに発想する

食品・飲料	日用品・トイレタリー	美容関連・化粧品	医薬品・サプリメント	家電・電化製品	家具・インテリア	趣味に関する商品
鮮度・体感	利他・社会性	協調性	根拠・理由	根拠・理由	驚愕・非日常	偏愛性
先回り・察知	先回り・察知	人気感	学習心	損失回避	フィット感	選択感
利他・社会性	偏愛性	自己投資	信頼感	選択感	協調性	フィット感
限定感	鮮度・体感	驚愕・非日常	フリクションレス	学習心	ストーリー性	信頼感
マイペース	自己投資	限定感	選択感	信頼感	選択感	損失回避
損失回避	セレンディピティ	マイペース	セレンディピティ	セレンディピティ	過程充実性	協調性
フリクションレス	マイペース	信頼感	自己投資	驚愕・非日常	根拠・理由	限定感

各商材と相性のいい買物欲のツボ

【Choose】

まずは、どのツボを活用するか？　ひとつ目のツボを決定します。決定にあたっては、商材やチャネル（売場）と相性のいい買物欲のツボから選んでいくのが近道です。右上と左上に商材やチャネルと相性のいいツボを一覧化しました。

各ツボの紹介ページの1ページ目にある「相性の良いカテゴリー」は、この表をもとに作成しています。

相性の良さは、大規模なWebアンケート調査の結果から算出し、それぞれ上位7つのツボを提示しました。例えば、食品・飲料では「鮮度・体感」が大事、EC通販では「損失回避」が大事という基本的なものが上位に来ており、売場やマーケティング現場の感覚にも近いものになっています。

ECサイト（通販サイト）	スーパーマーケット	ドラッグストア	コンビニエンスストア	専門店/百貨店
損失回避	鮮度・体感	協調性	偏愛性	鮮度・体感
選択感	利他・社会性	過程充実性	鮮度・体感	ストーリー性
信頼感	先回り・察知	人気感	利他・社会性	利他・社会性
根拠・理由	偏愛性	学習心	先回り・察知	フィット感
フリクションレス	限定感	先回り・察知	人気感	驚愕・非日常
フィット感	過程充実性	偏愛性	過程充実性	セレンディピティ
限定感	ストーリー性	限定感	セレンディピティ	選択感

各チャンネルと相性のいいツボ

上位に入ってるものの中で意外性のあるツボを選ぶことで、競争の優位性を狙うこともできます。

例えば、成分量や安全性が最も重要な医薬品カテゴリーで、意外性のあるものは「学習心」。学びのある訴求で好奇心を喚起できます。また、サイズ感やデザインなどが重視される家具カテゴリーでは「驚愕・非日常」が意外性のあるツボです。

スペックだけではなく、ちょっとした驚きとともに商品が展示されていると買物欲が高まります。ランキングは、王道的なもの、ちょっと意外なツボ、バラエティーに富んでいます。ランキングの上位に入ってるものから、まずはひとつ選んでみましょう。

【Mix】

次に、掛け合わせるツボを考えていきます。掛け合わせで生まれる6つの効果「最適解」「開拓力」「親近感」

「安堵感」「決断力」「継続性」から、どれを狙うかを考えるのがいいでしょう。商材やチャネルが抱える現状の問題点に応じて、買物シナリオを考え、適切な掛け合わせを選びましょう。

【Ideation】

最後に、選んだふたつのツボをもとに発想を拡げていきます。発想にあたっては各章で紹介した、ツボの内容やヒントを活用することで、アイデアが出てきやすくなるでしょう。ひとりで考えるのも良いですが、同僚など周りを巻き込んで一緒に考えてみるのも良いでしょう。

最後に、掛け合わせの発想例をいくつか紹介します。課題をふたつ読んでいただき、掛け合わせのステップをシミュレーションとして疑似体験していただきます。

【課題1】ECサイトで高価格帯であるカシミア100%のニットの売上を伸ばしたい。

【Choose】

「カシミア100%」という数字は品質の良さと高価格の根拠となります。ここではチャネル「ECサイト」と相性のいいツボから「根拠・理由（リーズン&キープ）」を選択してみます。

【Mix】

ここでは「最適解」を生み出す掛け合わせ法を導くことにしてみます。「最適解」を生み出すラブ&ブーストのツボから「自己投資」を選択しました。ちょっと背伸びした商品だが、その服を着ると気合が入るというシチュエーションを提示するためです。

この結果として、「値段は高いが、長く使えることを考えればコスパは悪くない。何より今この洋服を着ることで未来の自分が良くなりそう！ 買いたい！」という気持ちを刺激することができそうです。

【課題2】通販で小さい子供向けのミールキットの売上を伸ばしたい。

続いては「安堵感」を生み出すことで買物欲を刺激する一例を紹介します。

【Choose】

ミールキットの専門通販なのでチャネル「専門店」と相性のいいツボから「フィット感（リーズン&ブースト）」を選択します。家族構成や生活スタイルに合わせてミールキットがカスタマイズ可能なことを強くアピールすることを目指します。

【Mix】

掛け合わせによって「安堵感」を生み出すリーズン&キープから「信頼感」を選択しました。小さい子供に食べさせても安心だという信頼を、栄養学の専門家の協力によってアピールするのです。

この結果として、「このミールキットなら我が家に合った効率化ができる。しかも子供の栄養バランスも万全。心配事が一気に解決する。欲しい！」という気持ちを後押しできました。

掛け合わせステップをシミュレーションしてみる

あなたは飲料メーカーのノンアルコール飲料のマーケティング担当者だとします。「ノンアルコール飲料の新しい販促企画を発想する」というミッションを受けました。掛け合わせステップをシミュレーションしてみましょう。

【Choose】

「食品・飲料」と相性の良い買物欲のツボのランキング上位から、「先回り・察知」を選んだとします。

このツボは、**「かゆい所に手が届く配慮が心地よく、購入意欲を刺激する」**特性を持ちます。ノンアルコール飲料でできる配慮について考えていきましょう。

一方P162では**「ジレンマ解決の仕組み」**が、先回り・察知のツボを刺激することを紹介しました。ノンアルコール飲料で従来の価値観を覆すアイデアを考えます。

そこで思いついたのが、「妊娠・授乳中の女性は、お酒を飲みたくても飲めない」というジレンマです。しかし、「ノンアルコール飲料なら安心して晩酌を楽しめる」という新たな価値を提供できるのではないでしょうか。

具体的な販促アイデアとして、「ノンアル晩酌セット」で以下のような施策を考えてみました。

- 妊娠・授乳中の女性はカフェインも控えるため、デカフェやカフェインレス飲料と組み合わせる
- 最近のノンアルコール飲料は種類が豊富で、普段お酒を飲まない人にも魅力的
- 「一日の終わりのリラックスタイム」として提案する
- つまみを同梱し、「ノンアル晩酌セット」として販売
- パッケージをかわいく装飾し、楽しみ方の説明シートを添えて特別感を演出

このように「先回り・察知」のツボを活かしながら、消費者のジレンマを解決することで、新たな購買意欲を引き出せます。

【Mix】

次に、「掛け合わせ」による新しい付加価値を考えます。ツボを掛け合わせることで、以下の6つの効果を生み出せます。

・最適解
・開拓力
・親近感
・安堵感
・決断力
・継続性

今回は**決断力**を高める掛け合わせを選びます。これは、これまで購入したことがない商品でも「これだ！」と思わせるインパクトを生むためです。

そのためには**決断力**を強化するラブ＆ブーストの要素を組み合わせます。

ラブ＆ブーストから「利他・社会性」のツボを活用し、追加できる体験要素を考えてみます。社会貢献や誰かの役に立つ仕組みを取り入れることで、購入を後押しし、新たな価値を生み出せるでしょう。

【Ideation】

「利他・社会性」とは、「他者や社会にも良いことができるから買いたくなる」ツボです。この視点を取り入れ、購入が子育て支援につながる仕組みを考えます。

例えば、「ノンアル晩酌セット」の購入によって、子育て環境の充実を目指す事業に寄付できる仕組みを導入します。今回ポイントとするのは「子供」です。具体的には、以下のような支援先が考えられます。

・公園の利活用や整備を行う団体（子供の遊び場の充実）
・子供にスポーツの楽しさを伝える団体（運動機会の提供）
・絵本・音楽・演劇などの文化活動を支援する団体（感性や発達を育む機会の創出）

このように、「先回り・察知」と「利他・社会性」を使って、買物欲のツボの掛け合わせを行い、これまで購入したことがない商品でも買いたくなる「決断力」を高める販促企画を発想することができました。

買物欲のツボの将来ビジョン 3つ以上のツボは活用可能か？

ふたつのツボを掛け合わせる応用編について、理解は深まりましたでしょうか？　相乗効果を生み出し、課題解決のヒントとして活用していただければと思います。

さて、買物欲は時代とともに変化します。今後も生活者が買物に求める要素は変わり続けるでしょう。過去のデータを調査した結果、3つや4つのツボを同時に活用した成功事例はほとんど見つかりませんでした。

しかし、数少ない事例の中には非常に高い効果を発揮し、競争優位性を確立したものも存在しました。現時点では、まだ明確な法則性があるとは言えませんが、将来的に3つ以上のツボを組み合わせる活用法が確立される可能性は十分にあります。

私たち博報堂買物研究所は、新たなツボの発見とその活用方法について、引き続き研究を重ねていきます。

おわりに

「買物＝モノ欲＋買物欲」――これは、２００７年に博報堂買物研究所が開発したユニークな方程式です。

当時の生活者インタビューを通じて、私たちは買物の実態が変化していることに気付きました。その背景には、単なる「モノが欲しい」というモノ欲だけでなく、新たな欲求が台頭してきたのではないか？　という問いがありました。そしてたどり着いたのが、買物〝体験〟を楽しむ「買物欲」の存在です。

この度、20周年を迎えた博報堂買物研究所は、周年プロジェクトの一環として「買物欲」のアップデートに取り組みました。

その研究の成果として、令和時代の「買物欲を刺激する20のツボ」を発見し、本書の出版へとつながりました。これまで研究を支えてくださった買物研究所のＯＢ・ＯＧの皆さまに、心から感謝申し上げます。

本書では、各ツボを実際の企業の成功事例とともに紹介することを大切にしています。読者の皆さまが、生活者のニーズや気持ちは理解できても、実際にどう自分の企業に取り入れたらよいかわからない――そんな疑問を持つ方の助けになればと考えたためです。「自社でどう活かせばよいのか？」という問いへのヒントとして、本書が少しでもお役に立てれば幸いです。

買物欲の研究にご理解をいただき、事例の掲載や取材にご協力くださった企業・団体の皆さまに、深く感謝申し上げます。

株式会社サンリオ様、株式会社パン・パシフィック・インターナショナルホールディングス様、株式会社ドットミー様、株式会社ギンビス様、モンデリーズ・ジャパン株式会社様、株式会社良品計画様、株式会社トリドールホールディングス様、株式会社CRISP様、東急不動産株式会社様、株式会社ぐるなび様、株式会社GiftX様、株式会社インターメスティック様、特定非営利活動法人本屋大賞実行委員会様、RIZAP株式会社様、株式会社大創産業様、日清食品株式会社様、株式会社晋遊舎様、株式会社伝統デザイン工房様（掲載順）。

同時に、企業や団体のご担当者様を紹介いただいた、博報堂グループの皆さまにも厚くお礼申し上げます。

この書籍ではたくさんのご協力をいただいた結果、商品、サービス、コンテンツ、メディアという多岐にわたった業態、ロングセラー、リブランディング、新商品・新サービスなどブランドの状況に合わせた活動、オフラインとオンラインの施策、などさまざまな視点での事例を紹介することができました。

この多様さというのは、買物においてとても重要な意味を持っています。〝買物〟研究所というと、店頭での買物について研究していると思われがちですが、昨今の買物は多様化しています。テクノロジーの進化により、生活空間に存在するあらゆるタッチポイントが購買経路になる環境が進みました。

私たちはこれを、「Commerce Anywhere」と呼んでいます。買物研究所では、「Commerce Anywhere」な状態を踏まえ、生活者は、何に興味を持ち、どこでどんな情報を取得して、どの売場で買うのか、その全体像を明らかにしていくことで、企業のマーケティング活動に役立つ研究をしていきたいと思っています。

直近は、AIの登場が、生活者の購買行動に目覚ましい変化をもたらしています。その辺も随時発信していけたらと思っています。

最後に、令和の〝買物欲を刺激する20のツボ〟の開発から書籍の内容まで、全体を監修いただいた、青木雅人さん、徳久真也さん、外部発信に向けてさまざまなアドバイスをいただいた尾形有毅さん、星川浩介さん、西川更紗さんに深く感謝を捧げたいと思います。

また、20周年プロジェクトを推進していただいた松居達也さん、キービジュアルを作成いただいた平松佳真さん、ネーミング開発でアドバイスをいただいた才田智司さん、生活者調査にご協力いただいたQO株式会社様、SNSの分析で新たな知見をいただいた株式会社TBWA HAKUHODO 65dB TOKYO様、買物欲の開発と書籍の出版にご協力いただいた、コマースコンサルティング局の皆さまに感謝を伝えたいと思っております。

そして、この本の執筆にあたり、出版の打診いただき、構成のアイデアや丁寧な進行をいただいた株式会社ワニブックスの小島一平様、さまざまな助言と的確な構成を担当いただいた菅野徹様に厚くお礼申し上げます。

著書を代表して
博報堂買物研究所　垂水友紀

垂水 友紀（たるみ ゆき）

博報堂買物研究所　所長

2016年博報堂中途入社。化粧品、日用品、飲料、健康食品など消費財のマーケティング戦略、商品開発、サービス開発に従事。2022年より現職。「買物インサイト」を起点に、新しい買物を生み出すソリューションを提案・実行する実践的研究所を運営。

飯島 拓海（いいじま たくみ）

博報堂買物研究所　研究員

早稲田大学大学院文学研究科心理学コース修士課程修了。2022年博報堂中途入社。買物研究所にて「買物欲マーケティング」「新購買行動モデルDREAM」「物価高における節約意識」「パーパスと買物」など幅広いテーマの調査研究と発信を担う。

瀧本 晃裕（たきもと あきひろ）

博報堂買物研究所　研究員

早稲田大学大学院創造理工学研究科建築学専攻修士課程修了。2017年博報堂入社。自動車メーカー/販売店、飲料、食品、日用品、インフラ、保険代理業、特殊法人等におけるマーケティング戦略立案、ブランド戦略立案に従事。2022年より博報堂買物研究所にて、ショッパーインサイト研究及びソリューション開発に従事。「Z世代×ニューコマース調査」「フレキシブルショッパークラスター」など変わりゆく買物環境と買物客の洞察から、あるべき買物体験のプラニングを行う。

博報堂買物研究所

2003年設立。「買物」を軸として20年にわたり、ショッパーマーケティング領域における研究開発・情報発信・ソリューションを提供している。『企業の「売る」を「買う」から考える』をフィロソフィーに、買物現場の真実に着目し、買物客の本音・買物のツボである「買物インサイト」を起点に、買物欲を満たす「買物シナリオ」を創造し、新しい買物を生み出すソリューションを提案・実行する実践的研究所。

売れている会社に共通する これ買いたい！ をつくる20の技術

2025年5月10日　初版発行

著　者　博報堂買物研究所
発行者　髙橋明男
発行所　株式会社ワニブックス
〒150-8482　東京都渋谷区恵比寿4-4-9　えびす大黒ビル
ワニブックスHP　https://www.wani.co.jp/
(お問い合わせはメールで受け付けております。HPより「お問い合わせ」へお進みください)　※内容によりましてはお答えできない場合がございます。

staff

ブックデザイン　三森健太（JUNGLE）
構　成　菅野徹
校　正　東京出版サービスセンター
編　集　小島一平（ワニブックス）
印刷所　株式会社美松堂
DTP　有限会社 Sun Creative
製本所　ナショナル製本

ワニブックスHP　http://www.wani.co.jp/
WANI BOOKOUT　http://www.wanibookout.com/
WANI BOOKS NewsCrunch　https://wanibooks-newscrunch.com/

ISBN 978-4-8470-7522-3